VIEW

VIEW

走過失業，我喜歡現在的人生

施昇輝 著

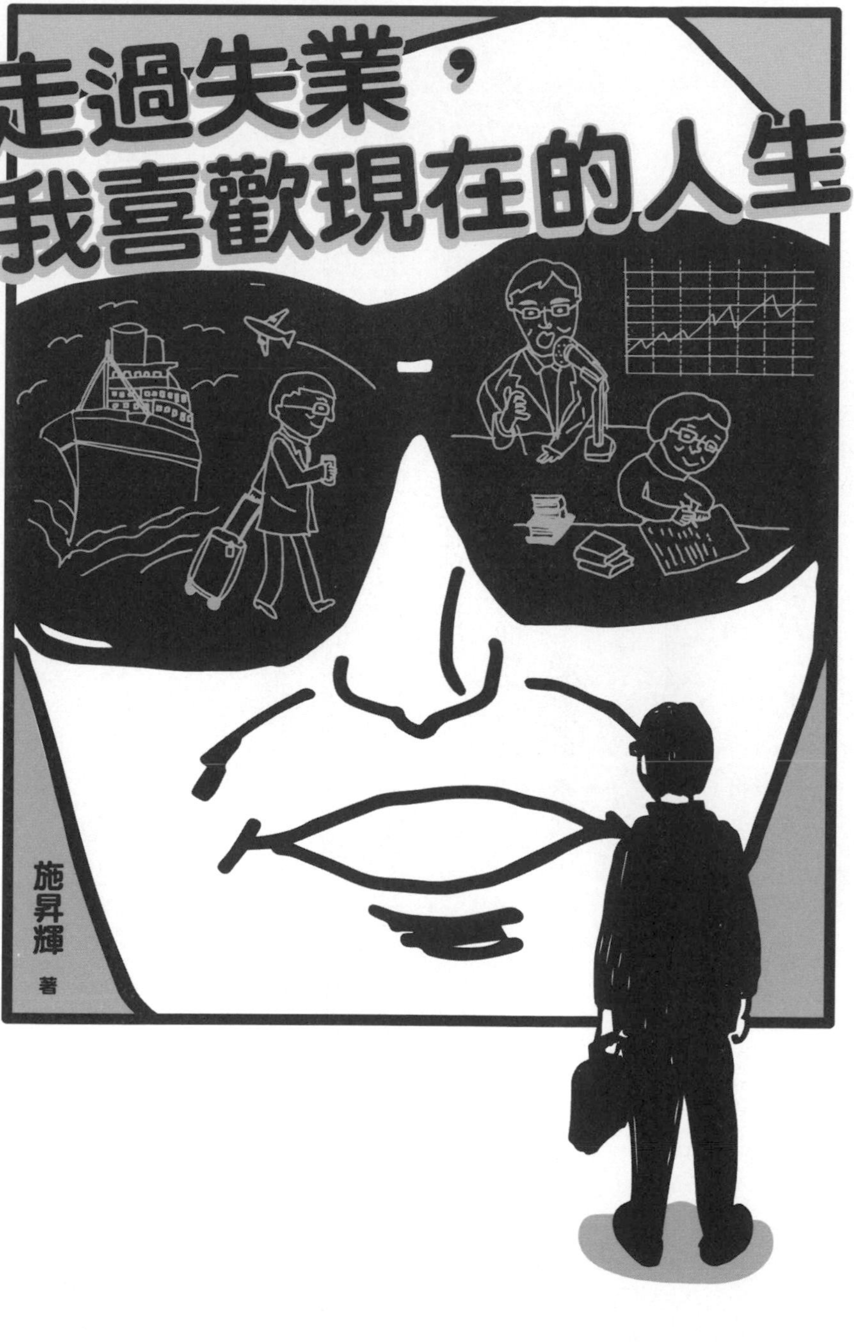

推薦序一

夢想破滅後的精采人生

昇輝兄寫了幾本有關股票投資的暢銷書之後，儼然是一位理財達人，也透過他的書，幫了或者拯救許多人，因此演講與寫作邀約不斷，但是我知道他的理財之道並不僅是提供一個穩當的投資方法，而是希望藉由分享與現身說法，讓每個人都可以活出自在精采的人生。

大概一方面是他的個性，另一方面也來自於他無私的起心動念，所以他的分享，最大特色就是誠實，除了毫不避諱地揭露曾有的挫折與徬徨，更不依附主流說法去討好民眾、說些冠冕堂皇的話，例如要年輕人不要自欺欺人、不要說文憑沒用，因爲念書絕對是翻轉貧窮的最佳途徑。

所以他常常在演講時給年輕人當頭棒喝：「你現在不要浪費時間想理財這件事，努力工作提升技能，有錢就存下來，先買一間房子再說。」這麼違反主流的理財達人是絕無僅有的，他的語重心長相對於現代社會好高騖遠、虛而不實的氛圍，我覺得是一帖苦口的良藥。

我覺得昇輝兄值得向眾人分享的不只是他穩健的股票投資法，而是當我們有了不虞生活的財務規劃後，人生該怎麼過？

近年來，有太多鼓勵年輕人追求夢想的書，甚至說跪著也要勇敢地朝自己的夢想追尋。但事實上，你若是跪著，哪裡也去不了，而若是年紀輕輕時拿夢想來騙自己、唬別人，到時候恐怕連能否照顧自己的基本生活也都成了問題呢！

昇輝兄說他從小聽父母的話，選擇安穩但自己沒興趣的科系與工作，雖然中間曾經給自己幾次機會去追求自己「想像」的夢想，但是很快就發現自己天分不夠、才華不足，所以乖乖回到安穩的工作，因此他說回顧自己人生上半場，是「生涯無從規劃，夢想早就破滅」。可是，令人驚訝（或許這才是人生眞貌），他在夢想破滅後、在工作十多年被迫失業之後，反而活出了精采人生，並且對現在的生活很滿意。

他的故事最可貴的地方是，一點也沒有傳奇的成分，完完全全是一個雖然認眞，但普通平凡如你我的一般人，所以當你看完了書，假如你願意，也一定做得到。

總覺得追尋夢想不必然得義無反顧、一往直前，反而轉個彎，生命處處給予我們機會用另一個方式實現夢想。就像昇輝兄，早年是文藝青年，夢想拍電影，但是當夢想破滅之後，現在依舊開心地看電影（認眞地看了四千多部影片），還部部寫摘記，用影評的書寫與分享，繼續圓他年少時的夢。

昇輝兄在工作投資理財與人生境遇都不是一路順遂，但是如何從負向情緒轉爲正向，才是本書精采的地方，就像我們旅行的目的也許是單純想逃離煩躁的生活，也許是眞心享受旅行帶給我們人生的體會。昇輝兄在書裡誠實地描述與提供超越低潮的方法。我們眞的不必自陷於憂鬱深谷太久，反而要如實看待並珍惜每一段經驗，就像動人的樂曲必有高低起伏，有快板、有慢板，有間奏，人生往往因爲這波瀾起伏的歷程而顯得精采。

雖然昇輝兄提醒我們「人生不能重來，沒有早知道」，但是藉由別人的經驗，尤其是像他這麼誠實的告白，相信可以給滿腦袋夢想的年輕人另一個思考的面向，也可以給已有人生歷練的職場老鳥一個提醒，給我們臨門一腳之力因而下定決心，從此找到屬於自己的精采人生。

作家　李偉文

推薦序二

有節制的豐富生活

看完老同學施昇輝的新書之後，發現這位相識超過三十五年的好朋友果然有一套很棒的生存之道，而且，很適合大部分的中壯年上班族做爲參考。

我們這群戰後嬰兒潮出生的朋友，在台灣大約有七百萬人，占了將近三分之一的人口。經歷過相對貧窮封閉的年少時期，享受台灣經濟高度成長的中年，而過去十多年，是民主人權自由發達，各式公民團體蓬勃發展的世代，我們則即將步入初老的階段。以人生來說，青春、朱夏、白秋、玄冬，我們這個階段，應該是初秋或仲秋的時候吧。

過去的都過去了。這個年齡，多少是事業成敗已定，但壯年或初老階段以後的人生，仍然有無窮的可能，這端看個人如何經營了。

昇輝的這本新書，談失業、談孤獨、談投資、談教養、談旅行、談分享、談朋友，我可以百分之百作證，半自傳式的現身說法，都是他的親身經歷。我還有幸參與了他一部分的人生，深覺老同學果然是有大智慧的人。這樣誠實無假的分享，而不是說教式的喋喋不休，可看度非常高。

人生在世，從小讀書，長大工作，上有老闆，下有部屬，還有家庭親情友情，是甜蜜負擔，有時候也是牽絆。到了初秋的年紀，後五十歲的人生，自由度是很重要的。這時候，希望還能有些身體的自由度，不用常常看醫生，出門要帶一堆藥；有些財務的自由度，上餐廳不用太擔心菜單的價格；有些時間的自由度，不用只能在小孩寒暑假去參加旺季的旅遊團，想出門就出門；有些空間的自由度，不用擔心出門被狗仔跟蹤，想到哪裡就到哪裡，想見誰就見誰；有些心靈的自由度，也許是宗教上的信仰，沒有太值得擔心焦慮的事情。然後，有一天，在適當的時間，快樂地向世間告別，那就是在世間成佛了。

傳統上退休生活老生常談的是老本、老友、老伴、老健，但這本書的關鍵字其實是開放、體驗、分享、學習。偶爾跳出舒適圈之外，體驗新的人生，才是眞幸福。人生有很多美麗的意外，留給有興趣和意願去做新嘗試的朋友。

對我們大部分的上班族而言，這本書從昇輝的親身經歷中，確實提供了一些寶貴的指南。我對昇輝在書中所揭櫫的價值觀的解讀是：人生太有節制，就會失去樂趣，但太豐富；沒有底線，也會樂極生悲。有節制的豐富人生，才是理想的、可長可久的人生觀。

當然，只要是上班族，就有退休的一天。退休前的助跑是很重要的，對於還在職場打拚，人生正值青春、朱夏的上班族，這本書還是很有參考價值的。很多事情，事先的準備永遠不嫌多。隨時培養工作以外的樂趣，關注生活周遭鄰里、社區，認識工作以外不同領域的朋友，爲人生多開幾扇窗，爲有朝一日的退休生活做準備，人生一定會很充實。

希望讀過這本書的朋友，都能有所啓發，開心適性地悠遊在美好的未來歲月中。

麗嬰房股份有限公司董事長　王國城

推薦序三

從中年失業男到樂活分享達人

某日，老友施昇輝突然來電，要我爲他的第七本書寫推薦序。我先是愣了一下，正覺惶恐，但仔細一想，昇輝向來思慮清晰，他肯定是胸有成竹，才會找我。我有這個榮幸來寫序，我想就是基於我們從小認識迄今，已經接近五十個年頭的交情。光憑這一點，我相信自己絕對夠資格來寫這篇序。

昇輝今日會成爲理財專家，我不奇怪，從小他就精於計算，什麼都吃，但就是不吃虧。

昇輝今日會成爲知名作家，我不奇怪，初中、高中他就是典型的文青，也是校刊的編輯核心。

昇輝今日會成爲媒體名嘴，我不奇怪，三十年前第一個電視益智問答節目《挑戰》，他就是台前連續衛冕成功的重要戰將。

昇輝今日會成爲樂活達人，我不奇怪，一起成長的路上，山林、溪間、湖畔、海邊，處處都留有嬉遊的足跡。

昇輝今日會成爲超級影痴，我也不奇怪，因爲我知道他從初中開始，就是一個看完電影會寫影評的怪咖。

昇輝唯一讓我意外的是，台大商學系工商管理組畢業，求學就業都是人生勝利組的他，竟然會在自己最專長的金融證券業，面臨「被迫離職」的人生轉折。那年，他才四十四歲。回想那段時間，我正幫他的小孩做牙齒矯正，每個月都會碰面，當時我還納悶，他怎麼可能會有空帶小孩來？讀完這本書，我才知道這個他掩蓋了超過十年的祕辛。

昇輝這本半自傳式的人生啓示錄，裡面有太多的智慧建言，是來自於一個眞實「中年失業男」的親身歷練。在人生最低潮時，如何面對、接受，又如何處理、再放下。我有點好奇，若不是當年證券公司老闆的「睿智」，強迫昇輝離職，今天會不會有這樣火紅的理財專家和樂活達人存在？面對挫折失敗，不該整天想要反敗爲勝，或許這樣才能走出困境，然後擁有一個樂活的人生。昇輝的故事，確實可以給讀者一些另類的想法。

從小學到高中，我和昇輝都是同窗，「傻瓜」一直是當時同學們對他的暱稱，我早已不記得這個綽號的來由，但直到現在才知道，「大智若愚」原來眞有這個境界。我可以預見昇輝的人生下半場，是和源源不絕的老朋友、新朋友，一起分享滿是智慧的旅程。

昇輝愛電影成痴，殊不知他其實一直擔綱男主角，不停歇地演繹人生冷暖的劇碼。日本的「男人眞命苦」系列早已下檔，但台灣的「樂活大叔」卻還在持續熱映當中，就讓我們繼續看下去……

前榮總牙科部齒顎矯正科主任　況守信

作者序

樂活大叔的真情告白

三年多前，我在時報文化出版了畢生第一本書《只買一支股，勝過18%》。當時，負責編輯和行銷的同仁希望給我取個響亮的頭銜，幾經腦力激盪之後，以「樂活投資達人」來定案。後來，我不只寫理財，也寫了電影和旅遊，有一個廣播節目主持人說，應該叫我「樂活分享達人」才名符其實。前一陣子，又被直接簡化成「樂活大叔」。反正我現在的形象就是「樂活」的代言人。

但是，每到夜深人靜時，我經常捫心自問：「我眞的樂活嗎？」

三年多後的今天，我又回到時報文化出這本新書，卻要親自粉碎經營多年的「樂活」形象。「樂活大叔」的前身其實是「中年失業男」。我並不是在同仁長官的祝福聲中光榮退休的，而是在獨自落寞中被迫離開職場的。

我寫這本書最主要的目的，就是逼自己去回顧這段曾經走過人生低谷的時期，因爲或許也有很多的讀者會面臨到跟我相同的處境，因此希望能把自己的經驗赤裸裸地拿出來與大家分享，我是怎麼從「失業」的打擊，和「宅男」的低潮中走出來的？如果平凡如我都做得到，你也不必妄自菲薄。

不過，無論你是光榮退休還是被迫離職，經濟基礎的穩定與否，無疑將決定你日後生活的品質。好在離職前，我已經有了自己的房子，且已繳清貸款，還買了足夠的保險，也累積了一筆積蓄，只要憑安全穩當的投資策略，就應該可讓生活無虞。我人生低潮的結束，也是歷經「投資」的磨難後，最後情定一支股票，才能換得心情的篤定。

坊間很多激勵人心的暢銷書，都在鼓勵大家要「追求夢想，完成自我」。但是，我有年邁的父母和三名子女，因此我和老婆的人生根本沒有自我，有的只是對家人的牽掛，也不敢奢望完成任何夢想，因爲裡面只有必須面對的現實，和無法割捨的「教養」宿命。能夠完全擁有自己的人生，是令人羨慕的，但別眞的以爲「別人能，爲什麼我不能？」

「不經一番寒徹骨，焉得梅花撲鼻香」準確詮釋了我這些年來的人生起伏與心路歷程，最後終於在「旅行」的放鬆，「分享」的喜悅，加上「朋友」的相知相惜中，完成了退休生活的圓滿。

◎你會不會擔心中年失業？

◎你有沒有做好任何財務的準備，以防自己中年失業？

◎你若已經中年失業，該如何面對與處理？

◎如果你是光榮退休，該如何經營自己的人生下半場？

以上這些問題，我都希望透過書中的每一個篇章，爲讀者帶來一些啓發和建議。我不希望讀者用勵志的角度來看這本書，因爲書中沒有任何反敗爲勝的戲劇性，而希望大家把它當作是一本既療癒又實用的書，因爲我眞正想分享的是正向開放的人生態度，以及具體可行的應對方法。

Contents
目錄

4—教養

5—旅行

0 開場

二〇〇三年七月某一天，辦公室的窗外陽光普照。我突然接到一通電話，自此宣告人生即將烏雲滿天。

那是人事部門打來的電話，電話彼端請我隔天早上上班時，來找他的主管。任誰都知道，這絕非好事。

去見人事主管時，心情沒有忐忑，因爲一切都已了然於胸。她開門見山，希望我能自請辭職，美其名讓我未來去同業應徵時，不致尷尬，其實就是明示我，別想要資遣費。

我很清楚自己是職場鬥爭下的祭品，因爲我的績效絕對不致淪此下場，但我沒有抗爭。

因爲我已厭煩證券承銷的工作，所以也決定不再去找別家上班了。戶頭有一千萬，房屋貸款已繳清，經濟壓力尚無太大疑慮。不過，家中還有妻子，以及三個仍在就學的子女，加上高齡的父母，敢說完全不惶恐，那就是自欺欺人了。

離開人事部門，我就遞了辭呈。走出公司大門，警衛還是一如往常，對我微笑致意，我也點頭回禮，但終究還是嘆了口氣，因爲一直以來都是人生勝利組的我，自此之後，就是人們眼中的魯蛇了。

1 失業

人生不能重來，也沒有早知道

被要求自請辭職，絕非晴天霹靂，因爲有太多跡象在幾個月內都陸續出現了。春節尾牙就是第一支箭。

當年尾牙辦在喜來登飯店，席開五十桌以上，又請到當今綜藝一姐陶晶瑩主持，不可謂不盛大。報到進場之後，才發現我們承銷部被安排在最後一排，這還不打緊，最難堪的是我們的桌子都在大柱子的後面，完全擋住了大家看舞台表演的視線。

我們承銷部是負責協助企業申請上市上櫃和募集資金，藉此賺取承銷手續費和包銷利得的業務單位。不過，當時正值網路泡沫徹底破滅，加上SARS重創國內經濟，導致股市行情一片低迷，而我們包銷的案子幾乎都跌破承銷價，可以說做一個案子就賠一個案子，虧損當然非常嚴重。

有一天，總經理很生氣地對我們說：「拜託你們別出去爭取任何案子了，你們乖乖待在辦公室，公司還不會虧那麼多。」這是多麼傷人的一句話啊！

當時每一個案子的虧損都是以千萬來計算，整個部門一年虧了好幾億，當然連表演都不給我們看了。

其實我們不是唯一賠錢的部門，負責接受客戶委託買賣股票的經紀部門，以及替公司直接在股市或債市進行投資的自營部門，虧損金額也不惶多讓，但他們只要抬出「大環境不佳」這個冠冕堂皇的理由就能卸責，因此他們坐的位置比我們好多了，可以把舞台看得一清二楚。可憐承銷部卻不能拿來當擋箭牌，只能面柱喝悶酒。

尾牙後的兩個月，第二支箭射出來了。高雄分部有一天無預警裁撤了，同事到了辦公室，才知道從此必須回家吃自己。公司派保全緊盯同仁收拾私人物品，而且只給一個鐘頭的時間，收拾完畢，關燈關門結束營業，同時把鑰匙也給換了。

我們這些在台北總公司上班的人乍聞消息，都錯愕不已。沒人敢打電話過去關心，後來也完全斷了連絡。總公司不可能完全裁撤，但找幾個人開刀，看來是免不了了。

其實，我早就心裡有數。部門主管前年離職留下的空缺，並沒有落在我的頭上。董事長選了另外一個同事當了代理主管，或許因爲他在公司的資歷比我深。不過，我敢自豪地說，我在業界的名聲絕對比他響亮得多，因此當時很多業界的朋友都難以置信，我竟然會在主管競爭中摔了一大跤。

他是董事長欽點的人選，因此要開刀一定不會針對他，那當然就是我了。我必須承認，我一點都不服他，因此言行上恐怕早就眞情流露了。

第三支箭果然就不偏不倚射向了我。

如果人生可以重來，或是早知道會有這種結果，我一定會好好收斂我的氣燄，不要太囂張，也不要自我感覺良好，因爲一個人不會永遠得意。

我是在一九八八年，券商執照開放的那一年進入證券公司的。在這之前，只有十四家專業證券公司，其他都是隸屬於銀行的信託部。台灣人做什麼事都是一窩蜂，所以執照一旦開放，一兩年內就成立了好幾百家，因爲實在太好賺了。其中還有很多是大戶自己成立的，他們心想既然要給別人賺手續費，那乾脆自己開一家公司自己賺，肥水不落外人田。

一九九〇年，股市衝破一萬兩千點，卻碰到當時國內最大的投資吸金集團鴻源公司破產，自此股市狂瀉，直到兩千多點才止跌。我本來任職企劃部，當時市況慘澹，做再多行銷宣傳，也不會吸引投資人進場，所以就轉到新成立的承銷部工作，負責開拓企業上市和增資業務。

這個工作一做就做了十五年，直到被公司要求離職爲止，可以說我人生最精華的階段，都奉獻給了承銷界。在這期間，我總共待過五家證券公司的承銷部。我不是離開這一家，才去下一家遞履歷表的。我是還在這一家工作，下一家的副總經理就經常打電話約我吃飯、喝咖啡。若我通通都答應，恐怕會去超過十家的證券公司。

我待的第一個承銷部在業界名不見經傳，從未有過送案經驗，每次爭取都直接被客戶第一輪就淘汰。後來好不容易，有家當時資本額只有三億的中小企業願意讓我們去做簡報。我靠著一句話打動董事長，讓我們接到了第一個上市主辦案。

我當時是這麼說：「報告董事長，您希望做一個大公司的小客戶？還是做一個小公司的大客戶？」董事長決定做後者，所以就成了我們第一個「大客戶」。這家公司後來一度是紡織類的上市資優生。

一戰成名後，立刻引起業界的注意，許多大型承銷商開始對我展開挖角。我拒絕了一些，當然也接受了一些。在工作編號第三家的承銷商，我又打了一場漂亮的戰役。

當時國營事業的民營化案件，完全是國民黨營承銷商（大華證券、中華開發）的囊中物。第一個非黨營承銷商拿下民營化案件的頭號戰將，就是我了。最有趣的是，在進簡報會場時，另一家承銷部副總經理居然趁機偷偷跟我說：「今天下午兩點，我們總經理要見你。」

除了國營事業的民營化案件外，我也是官股拍賣案的先行者，當時經濟部國營事業委員會的員工幾乎都聽過我的名號。這些彪炳戰功，讓我進了編號第五家的承銷商。最後，我也是在這一家跌落人生的谷底。

我所歷任的各家承銷部副總經理對我都有知遇之恩，所以我心甘情願為他們拚搏賣命。但是，我在最後一家部門主管的競爭中敗下陣來，實在嚥不下這口氣，根本不想為這位新主管衝鋒陷陣。我承認，當時我的工作態度一定是相對消極，最後淪落此一下場，事後反省，也是咎由自取。

但是，人生不能重來，也沒有早知道。

只會做事不會做人，溫拿也會變魯蛇

我被迫離職的原因，絕對不是「能力不如人」，而是「只會做事，不會做人」。這件事或許可以給仍在職場求生的你一些啓發。

如果你自忖能力不如人，眞的要小心這種悲慘的命運隨時會降臨到你的頭上。這時，你得儘快擬定因應的對策。

方案A

如果你根本不喜歡目前的工作，也覺得很難發揮你的專長，那就趁早換跑道吧！不過，我也要提醒你，一定要好好反省，爲什麼當初你應徵自己喜歡又自認爲能夠發揮所長的工作時，人家沒有錄用你？是你沒有做好應徵的準備？還是你高估了自己的能力？前者還有救，後者就要有自知之明了。

方案B

如果你對現在這份工作，談不上喜歡與否，自己也覺得沒有什麼特殊的專長，再換任何工作可能都差不多時，你唯一的對策就是去加強這份工作所需要的專業能力。

看過《穿著PRADA的惡魔》這部電影嗎？那個年輕女祕書本來的志願是當記者，但在總編輯無情的磨練下，努力加強時尚產業的專業知識與能力後，終於受到主管的肯定，成爲她不可或缺的左右手。

不是每個人都能做到他喜歡的工作，但就算不喜歡，只要做得夠久，而且夠用心，經驗自然會豐富，能力自然會增強，你就會成爲業界的專家。

不要整天抱怨懷才不遇，認分工作才能保住飯碗，不會變成公司裁員時的優先名單。我對年輕人的建議是，三十歲之前找不到自己喜歡的工作，除非是違法行業，否則就認命、努力把現有的工作一直做下去吧！很多勵志書都告訴你，要堅持夢想，不該爲五斗米折腰，但你眞的有足夠的天賦或能力來完成你的夢想嗎？接受現實，其實是比較安全的應對之道。

方案C

如果你眞的不知道自己喜歡什麼？或者能做什麼？就去找業務的工作吧！業務推廣，絕對是企業裡面最辛苦的工作，但卻是最能被老闆肯定的工作。任何企業都以獲利爲目的，只要能幫公司賺錢，當然是老闆最器重的人才。

很多人不願吃苦，不願背負業績目標，只想做內勤工作，但這種人的被取代性卻最高。業務績效好的人，不僅加薪升遷快，獎金多，甚至是同業挖角的首選。

最後，我得承認，仗著歷任部門副總經理對我的肯定與信賴，我確實在「人和」上面沒有花太多的心思。這並非意謂我在公司內部的人緣很差，只是沒有在下班之後，與同事或長官有太多的互動。或許這跟我把「家庭」看得比「工作」更重要有關吧？下班後非必要的應酬，我總是能閃就閃。這如果在一個黑函或耳語充斥的企業文化裡，可能就成了很大的致命傷。

「做事」要努力，「做人」要圓融，從積極面來看，可以讓你一路往上爬，若從消極面來看，則至少可以儘量延緩你被資遣的時間。

有多少存款，才可以不工作？

爲什麼我被迫離職後，不想再去別家同業找機會？或是繼續去找其他全職的工作呢？

我眞的已經很厭倦承銷的工作了，最重要的原因是這份工作是居於整個產業供應鏈中最卑微的地位。我們絕非《痲雀變鳳凰》裡的李察吉爾，整天穿得如此光鮮亮麗，也不像《華爾街之狼》裡的李奧納多狄卡皮歐，過著那種紙醉金迷的奢華生活。

上市上櫃和募集資金，總共牽涉四種角色。核心就是那個要我們提供服務的企業客戶，當然就是我們的衣食父母，自然要低聲下氣，好生伺候，還要和同業殺價競爭，完全免費也是常有的事，甚至倒貼都時有所聞。接下來，有好多主管機關手握這個案件的生殺大權，如金管會、證券交易所和櫃檯買賣中心，因此不僅檯面上要努力說服他們，檯面下更要使盡渾身解數。最後，就是我們的協力夥伴會計師，他們手握財報簽證的尙方寶劍，客戶也要忍讓三分。隨便更換會計師，絕對是股市的大忌。

企業最愛對我們講的一句話，就是「我當然知道我的案子在法令規定上有些爭議，但我找你就是要你幫我解決這件事，不然我找你幹嘛？」

我做了十三年的承銷，已經受夠了委屈，我眞的不要再進承銷界了。其實，在承銷界工作十年後，我二〇〇〇年曾經一度落跑，去一家玩具進口商擔任總經理。

我在一九八八年進證券商的前三年，都是在做自以為最擅長的行銷企劃工作。到了中年，好像一定要有危機，好像一定要來一段企業第二春，所以又想回到行銷企劃的領域，便辭了券商的工作，賣玩具去了。

做沒兩個月，赫然發現我已經完全不是年少那個很有創意的自己了。在金融圈按照法令一板一眼的思維邏輯下，我百分之百的不能適應流通業的產業生態，只好當機立斷，回到不喜歡但熟悉的承銷圈，進了這家讓我結束職涯的證券公司。

既不想繼續走承銷的老路，又沒有具備足夠能力的其他戰場可去，所以我決定回家做家庭主夫了。

很多人後來都問我：「你是有多少存款，就敢不工作了？」

我聳聳肩：「就一千萬，還有一棟已繳完貸款的房子。我覺得往後的人生應該這樣就夠了。」

這個回答，一定會帶出兩個新問題。一是一千萬眞的就夠了嗎？二是當時我才四十四歲，工作不過十八年，家中一共七口人，是怎麼能夠存到一千萬和一棟房子的？

在台北生活，小孩都在就學，一年一百萬是最起碼的水準。我和老婆說：「養家活口，是男人天經地義的責任，雖然我不上班，但所有家裡開銷，還是由我一肩扛。」當時，確實有些大意，因爲沒料到後來會發生美國次貸風暴，以及接踵而來更大的金融海嘯，一度造成家庭生計上的重大壓力。

如果沒有發生這兩次重大的金融風暴，我可能就會更天眞地相信，有一千萬已經綽綽有餘，因爲我跟大部分的投資人都一樣，只預估會賺多少錢，卻不會算可能賠多少錢？此外，當初我預估一年賺百分之十，就能支應一家全年生活開銷，事後證明，可能也過度樂觀了。那麼，到底要有多少存款，才可以不工作呢？這部分後面有專章會詳述，在此先停筆，容後再敘。

一定要有自己的房子，才有資格不工作

四十四歲離職時，手中有一千萬和一棟房子，對人生勝利組而言，或許不足掛齒，根本是蛋糕一塊，不過大部分的讀者可能還是會有些好奇吧？尤其是對現在的年輕人，要有一棟自己的房子，眞的不是件容易的事。

我們這一代其實傻傻的，該結婚就結婚，該生小孩就生小孩，該買房子就買房子。當年哪有那麼多理財書可以參考？但現在的年輕人取得的資訊太多，什麼都要評估，要不要結婚？要不要生小孩？要生幾個？要租房子？還是買房子？

我三十歲時，年薪三十萬，買了一棟一千萬的房子，換算下來，要不吃不喝三十三年，但如果加上老婆的薪水，其實不用那麼久。此外，即使當年銀行貸款利率高達百分之六以上，我也從來沒想過要租房子。當年若不買房子，用同樣的錢買晶圓雙雄之一的聯電（2303），現在剩下一百萬，但因爲買了房子，現在最起碼值二千五百萬，這就是「傻傻」的價值。

我們當年根本沒算過要「不吃不喝」多久，買了再說，房貸壓力反而成了努力工作、在職場力爭上游的最大原動力。不過，當時正逢台股第一個狂飆的年代，而我也轉到券商任職，薪資加獎金，再加投資所得，掐指一算，應該負擔得起買房的費用。

我當年買的房子是近幾年爭議不斷的「日勝生活科技」（2547）的前身「日勝建設」蓋的五樓電梯公寓，位於今天古亭捷運站附近，每坪二十三萬元，總價一千零一十五萬元。吸引我的重點是單價低，但後來才發現，它是把地下停車位的八坪加進去平均，才比當時附近新建案的單價要低。因爲是電梯公寓，沒有華而不實的大廳，所以公設比非常低，不像今天很多新建案的公設比高達三分之一，甚至四成，簡直花了幾百萬在買所有住戶的共同生活區域，非常不划算。

因爲是預售屋，依照合約規定，必須按工程進度陸續繳款，大約每十天就要繳十萬。好在我們夫婦都有上班，加上把之前的積蓄拿去投資股票，也有不錯的獲利，所以還能按時繳款。那是一個「股票隨便買，隨便賺」的年代，當然已經是一去不復返了。

好在我把錢不斷從股市抽走，去支應買房的分期付款，最後才能從隔年，也就是一九九〇年的股市萬點大崩盤中順利脫身。我有很多券商的同事，當然也有買房，但因爲股票太好賺，就又把房子拿去抵押借款，擴充信用，想賺更多的錢，結果下場淒涼，全成了法拍屋，彩色人生瞬間成了黑白。

現在的年輕人太精於算計，一想要不吃不喝那麼多年，就決定不買房子，先享受再說。但是，現在的醫療太發達，年輕人應該都要有活到一百歲的心理準備，加上電腦取代了太多人力，或許到了五十歲，甚至更早就被迫離開了職場。我很難想像，人生下半場的五、六十年歲月，體力智力不斷衰退下，如果連一間屬於自己的房子都沒有，每個月還要一直煩惱房租，那將會是多麼悲慘的一件事。

年輕人一定要努力買房！不要有電梯，不要有停車位，不要靠捷運站，也不要先買車，就能買得起房。第一棟房子絕不是拿來投資的，買得起，最重要。你可能會說我在倚老賣老、唱高調，現在房價比以前更高，薪水卻沒有同步成長，怎麼買得起？且稍安勿躁，後面「投資」專章就會給各位一個具體可行的建議和實例。

如果我只有一千萬，而沒有自己的房子，我是絕對絕對不敢不工作的。

好好念書，才有機會拿高薪

現在再來說說我那一千萬存款是怎麼來的？

或許你會說，我在證券公司上班，每天有那麼多股票內線，當然能賺到很多錢啊！只存到一千萬，可能還大大不及格呢！

這是媒體最愛說的「合理的懷疑」，我也無法完全否認。不過，內線如果不是來自這家上市櫃公司內部或它的上下游廠商，或是股市炒手「親口」告訴你，這都不能保證獲利。此外，內線都是告訴你「該買」，卻從來不會到了「該賣」的時候通知你，所以常常錯過高點，從此住進套房。相對當今很多科技新貴，我們賺的錢，恐怕只是小巫見大巫。

你不要羨慕我們可以進金融業和科技業，因為我們當年都非常認眞讀書，而且不是只有大學文憑而已，大部分的人可都是「政成抬青椒」的畢業生。

許多人總是高喊「文憑無用論」，因為有很多成功的企業家都沒有顯赫的學歷，如台灣的郭台銘、美國的賈伯斯和比爾蓋茲，都沒有大學畢業，所以就給了大家不用好好念書的堂皇理由。但是，持這種論點的人，有沒有算過低學歷高成就的比例究竟有多少呢？其實是非常低的。除了郭台銘之外，台積電的張忠謀、聯發科的蔡明介、華碩的施崇棠、廣達的林百里，哪一個科技大老沒有頂著名校的光環？甚至還都有博士學位呢！就算你不好好念書，也不要自欺欺人。

科技業還有可能不靠學歷，但金融業是絕不可能。國泰蔡家、新光吳家的創辦人都沒有大學畢業，甚至只有小學文憑，卻能建立金融王國的時代，早就不可能再來了，他們的接班人可都有傲人的學歷喔。

科技業和金融業，絕對是相對高薪的產業，你要成爲他們的從業人員就要有好好念書的心理準備。「少壯不努力，老大徒傷悲」雖是老掉牙的教誨，但永遠有效。

我眞的是很努力念書，才能在當年大學聯考只有百分之二十錄取率的情形下，順利考上台大。畢業後，是很多公司期望我能去就職，而不是我巴望著很多公司至少能給我面試的機會。進證券公司，才讓我拿到可以在青壯年就存到一千萬的入場券。

不過，我也要感謝老婆一起幫我存到這個數目。她沒有像我有那麼好的學歷，但有一技之長。她是服裝打版師，這可是服裝供應鏈中最稀有的人才。設計師或許名氣最響，但有時他們的設計太天馬行空，沒有好的打版師，這些構想就不可能實現，因此她的薪水甚至比一般設計師還高。

正因爲我們都屬高薪族群，兩人加起來的月薪早就超過十萬元，甚至我工作的末期，個人薪水也有六位數，所以當然有能力負擔那棟房子的貸款，以及一年最起碼一百萬的生活費，還能有多餘的錢可以存起來，或是做一些股票投資。

請你千萬不要說，因爲我們收入好，才能早早離開職場，不必擔心後半生。任何人只要努力念書，或努力習得一技之長，再加上努力工作，就能和我們一樣。如果你仍在就學，或是你的子女正在就學，希望大家眞的不要以爲自己就是下一個郭台銘，念書絕對是翻轉貧窮的最佳途徑。但是，如果你自認不是讀書的料，請不要去念很多後段班的私立大學，如果還要背學貸，那更不值得。這時，你一定要去學一個電腦無法取代的技能，你的人生才有希望。

除了努力開源節流，還要培養第二專長

收入高，花費多的話，還是存不到一千萬。

我們一家人都是非常節儉的，幾乎不會去吃美食，很少去住民宿。我一直認爲營養和風景是不需要額外付費的，尤其痛恨花時間排隊去吃媒體吹捧

的美食，是最浪費生命的事。

我們從來不去百貨公司專櫃買衣服。我們家人全身上下沒有名牌貨，鞋櫃裡從來沒有打勾勾的球鞋。我自己可能更極端，因爲我老婆常說，我的很多衣服從我們三十年前談戀愛時就看我穿過。金融業要求男生一定要西裝筆挺，所以每年都會做一套西裝給我們，眞的省了我很多治裝費。我的休閒服全部都是平價品牌，甚至只有要上電視，或拍新書封面照片時，才會去買新衣服。

子女小時候雖然也常出國旅行，但都以團費便宜爲最主要的考量點。他們上高中之後，我們全家就不再一起出國了。他們從小只上兩種才藝班，一是英文，一是鋼琴。兩個女兒後來說對彈琴沒興趣，我就同意不用再上了，反倒是兒子有興趣，就讓他繼續上，後來他眞的進了音樂班和音樂系。

「再窮，也不能窮孩子」這句話，我一直不能苟同，因爲我認爲子女當然要和父母過一樣的生活。全家至今沒有人用iPhone，我自己甚至到二〇一六年三月，才有了第一支智慧手機，不是我不想換，是原來那支Nokia手機怎麼摔都不會壞。

該花才花，該省就省，我們全家有錯過人生什麼美好的事情嗎？完全沒有啊！

在此奉勸年輕人，要追求夢想，不要追求享受。我一直覺得「小確幸」三個字嚴重扭曲了時下年輕人的價值觀。大家都抱怨薪水太低，存不了錢，更買不了房，所以乾脆只看重當下的享受，對未來的危機反倒避而不見。如果你和我一樣壯年就被迫離開職場，之前卻不勤儉度日、認真存錢的話，請問你要如何度過漫長的待業時光？中年謀職的難度絕對遠大於你年輕的時候啊！老祖宗說「人無遠慮，必有近憂」，仍是顛撲不破的眞理。

「節流」談完，該談「開源」了。薪水當然是我們家最主要的收入來源，但曾經兩度出現危機。

一是一九九一年到一九九三年，股市交易量大幅萎縮，我只剩下微薄的底薪可領，根本不夠付房貸和生活費，因此只好利用下班時間，私下接很多翻譯的工作，以增加收入。我用比較浪漫的筆名「舒艾」翻譯整本言情小說，又用自己名字的半邊「方日光」做筆名，在工商時報副刊翻譯很多商業企管相關文章。當然，還有很多零星的翻譯來源，零零總總加起來，一個月可以增加兩、三萬的收入。

二是一九九五到一九九九年，我的雙胞胎子女還小時，老婆爲了專心照顧他們，只好辭了工作，讓家裡收入頓時又減少了一些。好在她的服裝打版技能讓她仍有很多個人接案的機會，所以也不是全然都沒有了相關的收入。

兼差打工用的當然是自己的「第二專長」。請捫心自問，你有沒有第二專長？如果沒有的話，請去考一張保險業務員執照。一來它不難考，二來保險業不太有景氣榮枯的問題，三來保險業務短時間內應該不會被電腦取代。

萬一你失業了，至少還能去做壽險顧問。

妥協、保守、認命，也能擁有幸福

能夠四十四歲就不再工作，有一個很重要的條件，那就是擁有一份相對高薪的工作。我主要的職涯是在證券公司度過，相對一般傳統產業，金融證券業的薪資水準是比較高的，而證券公司的承銷部門，又普遍比其他部門要高。

其實我在求學階段從來沒想過要到金融業上班。當時的金融業不是在銀行坐櫃檯數鈔票，就是在保險業賣人情拉保險，都不是當年那個「文藝青年」的我所嚮往的工作。

我從小愛看電影，希望上大學後能去學電影。但是，我在國、高中時期功課很好，畢業還拿縣長獎，父母覺得我如果去念電影，實在太委屈了。退而求其次，我就想去念新聞或大眾傳播系，結果當年大家對記者的印象很差，父母又反對。我不是叛逆的子女，只好去念商學相關科系。

我後來考上台大商學系工商管理組，不過卻是全班最後一名考進去的，因爲我的總分是這個系組的最低錄取分數。這個系組就是如今台大管理學院工商管理系的前身。

我們班的很多同學後來都是響噹噹的人物，例如新北市長朱立倫、東元電機董事長邱純枝、麗嬰房董事長王國城、永豐金控董事陳嘉賢，還有PizzaHut和肯德基炸雞的總經理徐苺。不只他們，其他同學也幾乎都是各行各業的佼佼者。我後來能在工作上有好的表現，真的是受到很多同學的幫忙。我認爲，你念的學校越好，你出社會所享有的人脈和資源也一定會越好。

上了大學，還是很難忘記拍電影的夢想。我不只參加台大的電影社團，也在大一暑假用八釐米底片拍了一部實驗短片（也就是現在用數位攝影機拍的微電影）。拍完之後，赫然發現自己毫無天分，拍出來的成果眞是慘不忍睹，從此認命好好念書，也決定未來還是做個平凡人，完全斷了做藝術家的念頭。還好我不像李安一樣堅持下去，否則現在恐怕早已淪落街頭。

在大學求學階段，我最感興趣的科目都和行銷管理有關，因爲我自認是一個很有創意的人，最沒興趣的科目就是財務和會計，總認爲這些工作都很死板。

退伍之後，第一份工作就是到《天下雜誌》上班，一方面是最吻合文藝青年身分的文化產業，二方面又在自認爲可以好好發揮的行銷部門工作。後來又去了遠東百貨和《商業周刊》，工作內容也不脫行銷企劃的範圍。

從《商業周刊》轉進證券業，完全是個意外。當時讀者沒有看財經類周刊的習慣，所以《商業周刊》創刊初期銷售非常不好，正想轉換跑道之際，接到好友找我去證券公司上班的電話。當時正值台股狂飆年代，二話不說，就去報到。沒想到一做就是十五年，每天接觸的都是當年最沒興趣，又沒有好好學過財務會計，結果卻成了我此生最專業的領域。

很多專家都告訴大家，在年輕的時候要做好「生涯規畫」，很多勵志的書籍也告訴大家，要「追求夢想，堅持到底」。然而，我回顧我的人生上半場，卻是「生涯無從規畫，夢想早就破滅」。

或許我太聽父母的話，也或許我太快妥協，因此我大學念的科系不是我最想念的，我職涯主要的工作內容更不是我有興趣的，但是前者給了我人脈，後者給了我錢財。

現在的年輕人比我們當年幸福多了，因為我們這一代做父母的人已經不能用以往威權的方式來養育小孩，而是儘量尊重子女的意願，讓他們可以發揮天賦和堅持夢想，去開展完全屬於自己的人生。

不過，我要奉勸大家，一定要及早思考自己的天賦是否足夠讓你的生活沒有經濟壓力？我以「文創」爲例，這是目前最夯的產業，激勵了很多人都想從事藝術創作，包括文字、影像、音樂各領域。但是，要在藝術創作上出人頭地，像周杰倫、五月天、李安那樣的成功，可不是比普通人多一點點天賦就足夠了。你要捫心自問，自己的才華眞的足夠支撐你的夢想嗎？除了天賦之外，其實還要加倍的努力，和個人完全無法掌控的外在機運的配合，這些都是缺一不可的。

有些年輕人雖然沒有這些天賦，但卻有自行創業的夢想，不甘願過朝九晚五的平凡人生。我也曾經短暫創業過，所以也有資格能夠提供一些經驗與大家分享。首先，這個產業如果沒有很高的「進入門檻」，例如開咖啡廳，就千萬要愼思再愼思。其次，業務不能過度集中在少數的客戶身上。最後，千萬不要相信「創業是一條不歸路」，也就是別跟錢過不去，只要你有專業能力，就有機會在一般的職場有所表現。就像買股票一樣，要設下停損點，認賠出場，才能重新回到人生的坦途。

大家一定都喜歡激勵人心的文字或演講，對我潑各位冷水或許非常反感。不過，請大家仔細想想，成功的人畢竟是少數，因爲是少數，媒體才有興趣報導。做一個平凡的上班族，可能讓你的人生非常無趣，但卻相對安穩，而且不致有太大的風險。收入的波動小，當然就有能力存下較多錢，當你一旦失業，至少生活不會面臨立即的經濟壓力，或者能像我一樣，在中壯年時，就有足夠的條件不用再去工作。

我拍了實驗短片，認清自己沒有拍電影的天賦。我爲了要有更多的收入，轉進當時最火紅的證券業，然後做了十幾年自己不愛但有相對高薪的工作。這些一定不會成爲勵志故事的題材，但我從不認爲自己妥協、保守、認命的態度，就不能擁有幸福的人生。即便被迫離開職場的瞬間是錯愕和委屈的，但想到經濟狀況並不會跌落谷底，就慶幸自己一路走來，都在一條安全的人生道路上。

很多人抱怨現實毀了年少的夢想，但我眞的喜歡我後來的人生。

失業的發生，恐怕都是事出突然，讓人猝不及防。但是，失業的準備，卻是可以即早規畫的。唯一不能事先規畫的，那就是失業後的人生該怎麼過？

失業後的第一天，正值暑假期間，兒子也剛好要去參加中部的一個夏令營活動。我跟子女說：「爸今天休假，可以開車送弟弟去報到，然後帶你們兩個女生去附近玩玩。」

他們都好開心，殊不知爸爸以後天天都可以帶他們出去玩了。這是做家庭主夫的第一天，但至少是從一個愉快的親子之旅展開的。第二天之後，我就是一個徹頭徹尾的宅男了。

2 宅男

面對失業，接受事實，妥善處理，才能放下

很多電影、電視都是這樣描述失業的中年大叔：每天早上，還是西裝筆挺地準時出門，然後在公園消磨一整天後，再準時下班回家。有時候，還要在手機上設定每十分鐘有來電鈴聲，讓人看起來依舊忙碌的樣子。

我沒有去公園，也沒有設定鈴聲，但一直待在家裡看來並不恰當。失業第一天，還佯裝休假帶子女出去玩，第二天總不能又說繼續休假吧？這時正好是學校放暑假期間，別讓他們的歡樂童年蒙上陰影吧！

我前一晚打了通電話給以前的主管，問他新設立的公司裡還有沒有空的

桌椅？他一口答應，叫我去他那裡避避風頭。我不敢明問，他可能也是被迫離職，但他選擇自行創業，還想在金融業東山再起，重振雄風。我沒有這個野心，只希望有一張桌椅，可以打發炎熱的七月天。

他不只給我位置坐，也提供一台桌上型電腦給我看股市行情。辦公室有另外兩名同事，都在打電話積極開拓業務，我總不好意思拿起話筒跟營業員說要買賣什麼股票，只好拿起手機到樓梯間去下單。

有時候，我以前的主管和那兩位同事都出門去拜訪客戶了，我就關上電燈，幫他們接電話、收掛號信和快遞。到了下班時間，如果他們都沒回來，我就幫忙鎖門，並完成保全設定。

主管問我要不要乾脆就正式來上班？我婉拒了，我只是想借個地方，拖到子女開學為止。但是，當時是暑假期間，離開學還有好幾個禮拜，「度日如年」真的就是最精確的心情寫照。

在這裡寄人籬下，還有兩大困擾，一來如果他又招募了新同事，我就真的得去公園混一整天了，二來則是一個很可笑的理由，就是附近沒什麼小吃店可以吃中餐，總不能每天都去最近的全家便利商店吃微波食品吧？

一直不敢向子女承認的最大心理障礙是，如果讓子女看到父親的挫敗，對自己而言可能是一種奇恥大辱。有一天，突然想到法鼓山聖嚴法師曾提過處事的四個態度：「面對、接受、處理、放下」，我這才豁然開朗。

失業的第三個禮拜，我告訴了子女，也告訴了父母，結果雲淡風輕，大家居然都很平靜地接受了這個事實。事後來看這件事，其實是庸人自擾。子女當時還在念國、高中，根本沒有資格對爸爸的人生選擇來發表意見，同時家裡經濟狀況也沒有突然吃緊了起來，那就應該不會怪罪爸爸任性又不負責，因此自己就不會被他們瞧不起，也不會讓他們在朋友間抬不起頭來。

我自始就不覺得父母會擔心我，因爲我從小行事就非常謹慎保守，總是謀定而後動，他們幾乎沒有操心過我，所以他們聽到我不再工作的決定，也沒有任何的指責和反對。

自此我無須再避走室外，正式開始了自以爲氣定神閒的宅男人生。

宅男幸福一瞬間，空虛幾乎一整天

剛開始的宅男生活算是很愜意的。進入職場之後，即便轉換工作，也幾乎沒有很長的假期可以好好放鬆自己。就算春節連假或全家出國旅遊，其實多少還是會掛念許多尚未完成的工作。無須上班之後，早上起床就能完全沒有壓力，眞是很難得的幸福。

上班族最難熬的「週一憂鬱症」從此不會再上身，也永遠不必爲了業績是否達成，而要開會或寫報告來辯解。有人形容退休生活是「睡覺睡到自然醒」，我雖沒有賴床的習慣，但沒有很多事要等著自己去處理，就已經讓起床不再那麼痛苦了。

老婆上班、子女上學之後，全家安靜得出奇。沒有打不完的電話，也沒有接不完的來電，所有的事情都可以慢慢來做，生活不再緊張兮兮，步調也可以放緩到甚至有一種奢侈的感覺。

早上除了看看股市行情之外，也決定所有的家事都應該由我來做，眞是名符其實的「家庭主夫」了。但是我要強調是「主夫」，不是「煮夫」，因爲家裡煮菜的事還是要由老婆來做，我眞的只會用電鍋煮飯，其他完全不會。

以前上班實在太忙，忙到連喝水都沒空。整天待在家之後，就有很多喝水的時間，所以「三高」（血壓、血糖、血脂）數字都大幅降低到標準值以下，應該是做了宅男之後最大的收穫。

還有一件小事，可能只有我認爲是很幸福的。有時，我會在白天洗澡洗頭，因爲我的浴室有個小氣窗，所以就好像在陽光下沐浴一般，心情特別愉悅。不上班之後，好像心思也變得非常纖細敏感，對任何事都能有不同的體會。

下午終於可以好好地睡一個奢侈的午覺了。以往常常在外面奔波拜訪客戶，哪有可能睡午覺？就算當天中午待在辦公室，也只能趴在桌上小寐一會兒，等聽到午休結束鐘響，都常常處於驚嚇或恍惚中。

睡醒之後，還可以去做我最喜歡的事：看電影。家裡附近有個影城，它推出「日光節約票」的優惠，十張兩千元，看一場兩百元，只要是晚上六點以前的場次都可以用，好像是特別針對我設計的。看下午場電影最棒的是人很少，根本是隨到隨看，甚至有一次看恐怖片，居然全場只有我一個人。

宅男除了可以看比較便宜的電影之外，有一個很大筆的支出也可以省下來，那就是小孩下課後不用再去上安親班了。現代雙薪家庭最大的困擾就是，就讀國小的子女下午四點放學後，還要去安親班等爸媽下班。自從我整天在家之後，就可以直接接小孩回家。當時大女兒已念國一，不必去接，雙胞胎子女還在念小學四年級，一次就省了兩人份的安親班費用。

接回家之後，小孩也很開心。有時候，還會和兒子到社區中庭打羽毛球，也是很難得的親子時光。這時，常常會看到一個鄰居歐巴桑散步回來，但總是冷冷看著我。

有一天，老婆跟我說，那個歐巴桑在電梯門口碰到她，對她說：「妳好辛苦喔，又要上班，又要做家事。」就從這句話中，我終於知道宅男是多麼被人瞧不起，又多惹人厭了。自以爲的幸福，瞬間被戳破了。

宅男生活，「幸福」都很幽微，眞正巨大的是「空虛」。幸福感從第一天在家、第一個禮拜在家之後，就快速遞減、消失中。空虛感更幾乎是從第二天在家，就迅速增加、增強，很快就不再有幸福感了。

幾乎每天早上九點到下午四點，家裡都只剩我一個人。後來子女通通上國、高中以後，更要到晚上七點，屋裡才會有第二個以上的家人出現。如果當天沒有電話打來，我可能一整天只會在出去買午餐的時候說一句話：「一個排骨便當，外帶。」

每天睡午覺，剛睡下去是美夢，睡醒成噩夢，因爲一天就又要如此無所事事地過去了。冬天的時候，天暗得快，如果又碰到室外陰雨綿綿，更會恍惚到不知現在是清晨還是黃昏。

後來，我定了鬧鐘，強迫自己絕對不能睡超過下午三點鐘，也決定不去學校接小孩，反正給他們鑰匙，他們也能自己回家。睡醒之後，做兩件事：一是去找朋友喝咖啡、聊天，一是去爬離家不遠的象山。

喝咖啡、聊天其實不是長遠之計。就算再熟的朋友，喝到第三次，從對方的表情看來，你都會感覺到已經打擾到他的工作了。同時，自己離開了職場，共同的話題越來越少，那種尷尬甚至會認爲他在百忙中與你見面，其實是有很多的無奈和同情。後來，就幾乎不再出門找朋友了。

象山可能是台北市區最輕鬆的步道，上下一趟一小時就能解決。偶有人路過，看看年紀，都與我相仿，難道境遇也和我差不多？彼此都沒攀談，更覺得自己的推論很有道理。我還情願山上都沒有人，否則老是看到這些可能也都是「中年失業男」的同類，眞的會讓自己心情更開朗不起來。後來，我也幾乎不去爬山了。

爲了出門而出門，難道不也是一種逃避？那就別自欺欺人了，宅就宅吧！有一度，中華電信推出手機月租費三十元的優惠，我居然一個月的通話費只有八十五元，其中還有一筆黑名單的設定費三十元呢！甚至我的手機可以十天都不用充電，就知道我和外界有多麼隔絕了。

和外界有多麼隔絕？可以從一件小事看出來。有一年中秋節，子女問我說：「爸，是不是已經沒有人要巴結你了？因爲今年連一盒月餅都沒有！」

千萬別以爲子女沒有觀察力，看不出世態炎涼，這麼一句平常的話，卻瞬間戳破了空虛已久的人生眞相。爲了化解尷尬，我只好說：「我去佳德買一盒來吃吧！」

我不只把自己隔絕在家，有一度甚至把自己隔絕在臥室。我的兒子當年要考國中的音樂班，所以換了個比較嚴格的鋼琴老師來家裡教他。因爲鋼琴放在客廳，我不想進進出出干擾到他們的教學，所以我在老師進門時打過招呼後，就進了自己的臥室，等下課再出來，向老師致謝和致意。只要我兒子沒有把她上次交代的曲子練熟，或上課當場一直犯錯，她就會很大聲地斥責他。在房間裡不斷聽到她的責罵聲，是讓人非常難過的一件事，眞的好想逃離，但是又不敢走出房門。當時，有一個念頭閃過，乾脆從臥室的窗戶跳下去吧！反正我們家在二樓，跳下去也跌不死。最後，沒這麼做，因爲一個鐘頭終於過了，下課後就能解脫了。

如果一直宅在家，自信心會完全消磨殆盡，我還一度認爲自己根本就是一個超級大魯蛇，所以發誓一定要走出去。現在網路發達，造就宅男的環境更成熟，所以才有越來越多不善人際交流的人，在社會各角落成爲不定時的炸彈。我得慶幸我離職初期，網路還沒那麼快，我也眞沒有打電玩的天分，所以重新走入人群，是我不得不做的決定。

善用網路，不沉迷網路，人生才不會迷惘

人類文明從農業社會進入工業社會，從鄉村走入都市，人際互動因爲彼此不信任和欠缺安全感，很自然就會越來越疏離。以往歌頌的美德「遠親不如近鄰」，早就蕩然無存。我們四、五年級生小時候還有很多和鄰居小孩一起玩耍的共同記憶，但隨著公寓大廈成爲住家的主流後，大家連住在對門或同一層樓的鄰居都不認識了，又何來「守望相助」的期待？

以往還只是住家和住家之間的疏離，現在網路如此發達，這種隔閡居然是來自同一家中的不同房間。宅男已經不只宅在「家」裡，其實根本就是宅在「房間」裡。以往至少還是「實體」造成彼此的冷漠，現在人卻在「虛

擬」中，和「現實」完全隔離了。

我有宅男的親身經驗，所以更害怕現在越來越多的宅男宅女。大家自以為透過網路、透過電玩、透過臉書，都與外界有所互動，其實全是假象。到頭來，虛擬和現實的界線完全模糊了，還以為電玩世界就是眞實人生，臉書朋友上千，也以為自己人緣超好。

智慧手機的發明，原本是讓工作更有效率，不受辦公空間的限制，但也造成即使人在室外，卻因專注網路內容，而成了另一種型態的宅男。放眼大眾交通工具上面的乘客，幾乎人手一機，然後低頭不斷滑動畫面，即便殺人狂魔鄭捷近身，恐怕都渾然不覺。我一直到二〇一六年年三月，才終於把傳統的手機換成智慧手機，我也不覺得之前的生活有哪裡不方便？我認識兩個醫生，他們甚至連手機都沒有，讓所有的事情都不用那麼緊急，自己也圖個清靜，只是讓要敲他們通告的人比較辛苦而已。

現在更可怕的是，我看到很多年輕父母為了怕小孩吵鬧，就把平板和手機拿給他們玩。這一招在當下確實非常有效，但未來肯定會影響子女與人互動的能力。以前的子女大概到國、高中才開始與父母疏離，我擔心未來子女在小學，甚至更早就不理父母了。

我很慶幸，我的子女和我一樣，都是善用網路來工作。他們都不會沉迷、甚至不會玩線上遊戲，而我也不增加頻寬，來加快家中上網的速度。此外，他們也不浪費時間在網路上發酸文、發廢文，這或許是我以身作則的結果吧？

有一句很棒的廣告詞「科技始終來自於人性」，但科技功能越來越強大，卻很諷刺地扭曲了人性。網路已成生活的一部分，任誰都無法逃避，所以科技本身不是罪過，而是自己的心態問題。我有一個很簡單的方法，就是智慧手機月租費採限額制，而非吃到飽。上了大眾交通工具，儘量還是不看，只有在餐廳等吃飯上菜的時候才用。我甚至覺得年輕人之所以愛排一、兩個小時，甚至更久的隊伍去吃美食，其實是因為可以滑手機不無聊所致。

或許我不會打電玩和上批踢踢留言板，所以才會覺得長時間待在家裡很空虛吧？其實不然，我認為沉迷在這兩個虛擬世界，才會更空虛，因為那根本就是在麻痺自己。電玩確實迷人，我不否認，但你在裡面得到充分的成就感，就更讓你不敢去接受現實生活的挑戰。此外，批踢踢上不乏一些充滿負面能量的批評，看久了，我眞的不敢相信你還能如何正面看待你的人生？

我當時失業在家，難道不是魯蛇？如果我一直封閉自己，一直自怨自艾，又怎會有後來的快意人生？

這時，有個親戚提供我一個顧問的工作，讓我有機會走出家門。

平日維繫親友關係，萬一失業時，才會有人伸出援手

這個親戚創辦的公司屬於資訊軟體服務業，在網路泡沫前，也想申請股票上市，所以大幅增資，引進了國內知名的電子集團入股，並成爲股權超過八成的大股東。該集團一直想插手經營權，但因我這位親戚公司的核心技術來自日本更大的集團，所以希望日方也能投資他，以鞏固自己的經營權。股權規畫和募集資金，正好是我的專長，所以他就聘我做了公司的顧問。

我雖然不必準時上下班，但增資計畫要由我主導，所以每天都會到公司和各部門開會，以利計畫之進行。如何在董事會和股東會抗衡該電子集團的干預？如何找到公司的競爭利基和市場未來的潛力來說服日本人投資？我的專業能力和高昂鬥志，在這段期間得到了充分的發揮，也讓我已經逐漸消散的自信心又回來了。

本來日方已經決定要投資，也敲定在香港進行盛大儀式來簽約，但沒想到一場類似SARS的流行病來襲，就這樣硬生生取消了。恐慌雖然很快就平息，但要再改期，又喬不定日方高層的時間。最後終於又把簽約時間和地點確定，居然碰到該電子集團大家長過世，一切又得延宕了。這正應了那句俗話「一股作氣，再而衰，三而竭」，再加上日方支持這項投資案的高層調離原部門，所有的努力自此化爲泡影。

如果當年增資能夠成功，或許我又會回到職場，就不會有我這本書後面所寫的所有故事了。眞是「人算不如天算」，任何事情要成功，天時地利人和缺一不可。命運如此捉弄人，我只好又回家當宅男了。

不久之後，一個經營保險經紀公司的姻親問我有沒有興趣去賣保險？我想或許可以試試，一來我的人脈夠多，二來早就有保險業務員的執照，馬上就可以開始進行了。現在保險從業人員有一個比較響亮的頭銜「壽險顧問」，當年則習慣稱這些人爲「拉保險的」，所以眞要從事這一行，還得先克服這個面子問題。

近年來，由於國內利差越來越小，保險公司已經很難用高額的理賠來吸引民眾購買壽險保單，所以紛紛推出投資型保單，讓保險和投資掛鉤，由保戶自己選擇連結的基金，藉此提高未來保險理賠的收益。爲了賣投資型保單，還要取得相關的執照，所以我也必須去加考這一項。所幸考試本來就是我的強項，加上只要看考古題就能應付，所以當然就順利取得了。賣了幾張保單之後，我自己卻對投資型保單產生了疑惑，保戶爲了投保，還要負責自己挑基金，等於保障完全操之在己，原本保險公司該提供的「保障和急難救助」的功能在哪裡？

或許我當年沒搞懂，反正我就覺得連自己都很難說服自己，又怎能去賣給親朋好友呢？後來，我就自行退出了。許多向我買保單的人，見我不做了，後來都認賠出場，我至今都還覺得非常愧疚。這件事給我兩個很大的啓示，一是若眞的要從事保險工作，一定要有決心加強保險專業知識，不要像我可能一知半解就貿然放棄，二是一定要有長期從事下去的決心，如果沒有，就會傷害親朋好友對你的信任。

我在前面曾提過，我失業的原因是在「職場」上只會做事、不會做人，但幸好我在「親友」之間，倒是人緣極佳。因此，除非你本來就天性孤僻，否則他們看你失業在家，總是會有人提供工作機會給你的。如果你現在忙於事業工作，疏於維繫親友關係，萬一有天突然失業，才要努力補強，恐怕就爲時已晚。

不久之後，發生一件重大的事情，讓我必須去找工作，而且最起碼也要謀個頭銜。

千萬別讓子女以為投資股票就能謀生

我雖然有一千萬存款在身，但仍必須在家靠股票買賣賺生活費，不然很快就會坐吃山空。關於這種謀生方式，我其實一直有兩層擔憂。

一是子女看老爸在家就能讓全家衣食無憂，以後會不會也有樣學樣，根本就不出去工作，以爲靠股票買賣就能過一輩子？二是子女以後應該會與他人論及婚嫁，屆時親家問起我的工作，我總不能說自己是個「無業遊民」吧？這樣或許會毀了子女的美好姻緣呢！

第二項擔憂根本還沒機會發生，我就很快得面對了。我失業在家的第三年，兒子考上了一所私立國中的音樂班。我擔心的不是學費，而是如何面對其他有頭有臉的有錢家長。

此時，我腦海中立刻閃過一個人。他是台灣A咖級的股市名嘴，又是一份發行量極大的股票投資類周刊的大老闆，最重要的是我們很麻吉。我二話不說，就打了個電話給他，開門見山說：「可以在你的雜誌上，幫我安插一個頭銜嗎?」他當場答應,約我隔天去雜誌社好好聊聊。

見面之後,他給了我「企劃總監」的頭銜,真是冠冕堂皇,氣派十足。但是,他希望不是只有虛的頭銜,也真的可以幫他做點事。因爲我之前在承銷界認識很多上市上櫃公司的高階經理人或董事長,他希望能藉我的人脈,幫助他們的編輯和研究員可以更順利約訪到公司的核心人物。

這件事對我來說,當然輕而易舉。我唯一的要求是不要正常上下班。在家待慣了,已經很難再那樣規律上班。有時,我甚至在家連絡熟識的上市上櫃公司高層,然後和記者直接約在該公司碰面。

和機構法人相較,散戶一直居於「資訊不對稱」的劣勢,因爲一般公司對想要前來參觀,或是來電詢問的一般投資人並不友善。因此,你叫散戶如何去了解每一支股票?雜誌對個別公司的報導,成了他們取得資訊的唯一管道。

台灣上市上櫃公司加起來,超過一千五百家,除了一些耳熟能詳的股票,投資人恐怕有七、八成都沒聽過,更遑論知道公司的產品是什麼?公司的競爭優勢又在哪裡？這時候，雜誌就扮演了重要的溝通角色。

不過，很多投資人都會把這種專訪與報導，誤以為是「明牌」。當大多數人都這樣相信的時候，自然就產生了股市明牌的「效果」。

雜誌記者前往採訪，公司當然會儘可能呈現有利報導的一面，這是人之常情。記者回來之後，大概也很難寫成一篇負面的報導，這也是人之常情。如果文章充滿質疑的口吻，甚至提醒投資人不該買進該公司的股票，鐵定過不了總編輯這關，因為大不了擱置不登，也不至於會登出來，等著被公司告。

因此，看這些報導，一來不可以直接當明牌，二來自己也要找它的財務報表來看，才能眞正了解該公司的產業地位和未來發展。

這份兼職一直做到金融海嘯發生之後。因為投資人損失慘重，也無心再看雜誌，為了節省開銷，我們的合作就此告終。最後，我眞的要非常感謝他，不只讓我又重出江湖，而且還有一些收入進帳。

自此，我完全沒有任何工作上的收入了。很多讀者一定會好奇，我為什麼不再試圖去找任何兼職工作了？這跟當時的主客觀條件有關。客觀環境上，當時剛發生金融海嘯，人心惶惶，百業蕭條，其實根本不容易再找到兼職機會。主觀條件上，我把所有的持股都轉成「元大台灣50」（0050）後，開始有了非常安全穩當的投資獲利，所以就沒有非出門賺錢不可的壓力了。這支股票的魔力，請見下一篇「投資」。

這雖然又讓我回到宅男人生，而且也再次面臨我最初的擔心，就是子女未來可能會不想認眞工作，只想靠股票賺錢，但我可能多慮了。因爲我開始熱衷分享，不再宅在家裡，而且我平常幾乎很少以股票爲話題，子女不會因此耳濡目染，他們都很清楚我的人生有更多有意義的事要做。這些在後面的篇章都會一一談到，請大家少安勿躁。

就算沒有社交圈，也不要放棄走出去

這段宅男人生幾乎把我的志氣完全消磨殆盡，唯一讓生命有一點點火花綻放的時光，是那一趟去紐約看王建民的旅程。

這次旅行對我的意義，是在煩悶的宅男生活中，找到一個可以稍微宣洩的出口，即使短暫，但非常珍貴。

以往還在上班時，週六和週日的休假就是忙碌工作中的定期喘息。現在，不再朝九晚五，好像每天都在休假，但其實一成不變的生活，卻似乎成了另一種持續的壓力，因此反而需要一個更長的假期，藉由徹底離開現實一下，來舒緩這種日趨沉重的窒息感。

我超愛看棒球，又嚮往紐約的五光十色，兩者結合，當然成了我出走的首選。

二〇〇六年，是王建民在紐約洋基隊大放異彩的一年，當年他拿到十九勝，甚至在代表美國職棒大聯盟投手最高榮譽「賽揚獎」的票選中，拿到第二名。「台灣之光」成爲每一個在海外各工作領域表現傑出的台灣人的形容詞，就是從王建民開始的。

「去紐約看王建民」這個念頭是從當年八月帶兩個女兒去香港玩時萌生

的。當年他表現那麼好，何不「心動不如馬上行動」？因為萬一隔年成績大幅退步，屆時不一定會想去看了。

我要面對的第一道關卡，絕對不是美國在台協會的簽證面談，而是老婆。我要拋妻棄子，一個人去看另一個陌生人，她肯定會疑神疑鬼。好在每次半夜起來看電視轉播的勁兒，大大提升了這個舉動的說服力。OK，她竟然毫不猶豫地答應了！（？）

第二關才是美國在台協會。朋友勸我千萬不要說是去紐約看王建民，他們打死都不會相信的。但是我就是要說，所以準備了很多他的剪報，和自己做的統計資料，結果面談時都沒派上用場。

第三關是紐約旅館實在太貴了，只好厚著臉皮打電話給在當地定居的表弟。我終究是他最大的表哥，又是他大學的學長，他也只好硬著頭皮答應了。

因為九月十二日到十七日，都是在洋基主場比賽，所以王建民一定會主投其中的一場，屆時再買黃牛票就好了，所以決定九月十日抵達紐約，十八日離開，一切就萬無一失了。

到了紐約，洋基官網宣布，王建民主投十四日對魔鬼魚隊（現已改名光芒隊）的那一場。票呢？當然就是上網買黃牛票了。其他時間，我可以去看金剛和美女大鬧天空的帝國大廈、小鬼當家惡整笨賊的中央公園、湯姆漢克和梅格萊恩的大書店和小書店，還有百老匯、大都會博物館、自由女神像，以及世貿中心的遺址，實在是太完美了。

人算不如天算，十四日下起綿綿細雨，教練為保護王建民，臨時改派別人主投，王建民則延到隔日再上場。既來之，則安之，就看吧！十五日雨更大，還是冒雨前往，現場宣布停賽，王建民改十七日出賽。正巧有人沒空看，趕緊向他購買，他很好心，只加價一元美金賣給我，當場真是喜出望外、喜從天降、喜上眉梢。正開心有票，回到表弟家上網，洋基又宣布他投十六日那場。這真是所謂「好事多磨，一波三折」。

十六日放晴，看來開打有望，但還是沒票啊！我用了畢生最流利的一次英文，跟賣票的大嬸拜託只要有人退票，請她務必優先賣給我，價錢不論，因爲我騙她專程從台灣來，當晚就得回去了。皇天不負苦心人，買到一張七十元的票。花了整整三天，就爲看他一場球，結果他卻輸了這場比賽。輸贏不要緊，看到最重要。看完之後，還去波士頓姑媽家玩了兩天，這才如期打道回府。

這是迄今我僅有的一次一個人獨自旅行，表弟工作繁忙，也無暇做我嚮導，我就自己看書搭地鐵，到處走看體驗。對保守的中年大叔而言，這絕對是一次重大的突破，也是我宅男期間，最有成就感、最有自信的一段時光。

不過，若說這次旅行就能徹底翻轉我的宅男生活，那人生也太簡單了吧！我必須說，這只是短暫的調劑，但有總比沒有好。當你幾乎沒有社交圈時，請你千萬不要放棄走出去的機會。

二〇〇六年去紐約看王建民是第一次自己一個人走出去，過了三年，上法鼓山應該算第二次，但意義卻完全不同。

活在當下，不懊惱過去，不妄言未來

很多人在苦悶徬徨的時候，常常會寄託在宗教的信仰上。我也起了這個念頭，希望宗教的力量讓自己的人生還能走下去。我決定去法鼓山禪修。

我和法鼓山的因緣很奇特。那是二〇〇九年的春節假期，我開車帶著家人出遊。因爲怕塞車，就從濱海公路走萬里金山一帶，遠遠看到一塊大石碑刻著「法鼓山」三個大字，心裡一震，因爲我當時正在看聖嚴法師的傳記《枯木開花》，非常景仰他，但從來不知道法鼓山就在金山。大石碑座落一處很大的交叉路口，正不知應往哪裡開去？大女兒說：「你有緣，就會開上正確的路。」我就順著感覺開，果然順利抵達。

初訪該地，失望多於興奮，因爲聖嚴律己甚嚴，清貧一生，但聖地卻極盡奢華。沒過幾天，在報上得知聖嚴圓寂捨報，突然覺得前幾天巧遇法鼓山，似是法師冥冥中的指引，立刻上網去查法鼓山的禪修課程，然後不假思索就將報名表送出。

那是一個三天的課程，地點在三義，據說原來是一個烘焙工廠，由一名信眾所捐。出發時間是星期五的傍晚，應該是配合上班族的週休時間。載我們的遊覽車從台北車站出發，大約晚上七點多抵達。下車映入眼簾的簡樸陳設，和聖殿的美輪美奐，成了強烈對比。

接下來，我們度過了三天最原始的生活，沒有冷氣、沒有電視、沒有電腦、沒有網路、沒有電話，也不能用手機，唯一和現代文明有關的是日光燈和大電扇。在這種氛圍中，連彼此講話都似乎成了不敬。寢室裡沒有床，大家席地而睡，蓋的是被要求帶去的睡袋，加上課程並不辛苦，照道理應該不易入睡，但非常神奇的是，我那兩個晚上都睡得很快、很沉，而且完全無夢。我的室友躺在我一公尺外，但我們從未交談，甚至連他的長相都不清楚。

三餐當然都是素菜，最後還發給大家一塊小吐司，因爲法師希望我們用它把碗內的菜渣與油漬通通吃乾淨，因此廚餘桶內眞的只剩玉米心。用餐時間也非常靜默，大家都專心咀嚼，眞的是做到了心無旁騖。下課時間，怕我們餓，也提供餅乾，但大家都非常節制，能吃多少才拿多少。

那是一段非常惜物、惜福的時光，洗澡水、漱口水都很節省，而最不可思議的則是連衛生紙都捨不得馬上丟掉，垃圾桶幾乎空無一物。三天課程結束前，法師說有很多CD、DVD或書面資料，大家可以帶回家。我還以為終於要大家隨喜捐獻一些錢，但沒想到這些都是完全免費，唯一的要求是自己覺得有用的才拿，而且只准拿一份。我真的只挑了少數的東西帶回家。

法師講授的經文、上課時練習的禪修方法，現在其實都已忘光，但生活上的體會至今卻歷歷在目。法鼓山的精神就是要我們屏除外界的誘惑和煩惱，珍惜自身所有，才能體認到生命最重要的意義，那就是「活在當下」。

失業對我來說，已是既成事實，我不該懊惱過去，也不該妄言未來，把眼前的生活過好，才能讓自己平靜幸福。

或許我的慧根不夠，法鼓山的精神其實大部分都留在山上了。我有些失落，因為那些心靈的洗滌，是在特定的時空中才能完成，下山後，就沒了那個氛圍。不過，老婆終於放下了心中的那塊大石頭，因為她一直很怕我上山後就會去出家。

回到現實生活，還是有很多難以靜心的煩惱必須去面對、梳理和克服。法鼓山要我們活出自己，但我的人生向來都是別人的。經濟負擔和子女教養，無疑是我得繼續面對，而且永遠無法卸下的兩大責任和課題。

3 投資

保險、房子、積蓄，缺一不可

能不能好好退休？幾乎所有人都認爲「錢」是最重要的關鍵。俗話說得好：「有錢不是萬能，沒錢萬萬不能。」又用喝水來比喻花錢，有人水（錢）還沒喝完就走了，很鬱卒；有人水（錢）喝完了卻還沒走，那就很痛苦了。

但是，「錢」眞的就是退休前最要擔心的唯一課題嗎？我認爲還要加上另外兩項才算周全。第一、能夠不必憂慮萬一發生重大意外時的保障，那就是「保險」，第二、不必煩惱萬一沒有棲身之所時的保障，那就是擁有一棟

「屬於自己的房子」。

如果能夠正常退休，就有充裕的時間準備退休後所需的生活費，這時尚且還會擔心，那麼，突然面臨中年失業，必定會更惶恐，一旦準備不足，該如何度過餘生？我想，這是每一個還在職的讀者，都要未雨綢繆來思考的嚴肅課題。

我在四十四歲時就敢不再工作，請各位絕對不要把它看成是一個勵志的故事，也千萬不要把四十四歲退休，或甚至四十歲退休當作你的目標。我們要努力的目標，是如何符合我前一段所說的「資格」，而不是「年齡」。

除非你有上億的身家，才可以完全不投保。俗話說得好：「天有不測風雲，人有旦夕禍福。」沒有人能拍胸脯保證自己不會發生意外，不會生病，而且還不能是重大意外或重病，否則花一些保費，以應付突如其來的經濟負擔，是一般人一定要預先做好準備的。因爲大部分的人還是得靠之前存下來的錢來進行投資，才能確保退休或失業後的生活無虞，但萬一發生疾病意外，突然需要大筆支出，又沒有足夠的理賠來支應，一定會嚴重侵蝕原本拿來投資的資金，甚至還有可能必須認賠來變現，如此必定會讓未來的生活品質快速惡化。

我如果沒有在工作期間就投保的話，是絕對不敢輕言離開職場的。

其次，往後的固定開支應該越少越好，萬一又遭逢類似二〇〇八年金融海嘯時的大蕭條，只要固定開支少，其他變動費用的節省彈性相對就比較大，可以讓你撐過景氣低迷期。

如果你還在租房子，房租就是一筆每月都要固定支出的費用。我建議，在你仍有工作、仍有固定收入時，儘快去買房，而且優先把房貸都繳清，讓你退休或失業後完全沒有後顧之憂。此外，租房子總有被房東驅趕的可能，這種不安全感絕對會嚴重影響你退休或失業後的心情。這時，如果你還要煩惱房租的來源，甚至還可能要搬家，怎麼可能樂活得起來？

如果沒有一棟屬於自己的房子，我一定會繼續去找工作，才不敢如此灑脫。

前面提過，我離職時有一千萬的積蓄，但當初真的對於這個數額過度樂觀了。雖然沒有房租壓力，但子女都仍在就學，教育及養育的費用是省不了的，所以全家一年花費，肯定在一百萬元上下。爲了賺到一百萬，每年投資報酬率就至少要百分之十，達成目標的壓力當然沉重。同時，誰能預想到後來會發生金融海嘯呢？

所以如果時光可以倒流，我一定會存到兩千兩百萬才敢離職。兩千萬拿去投資，報酬率只要百分之五，一年就有一百萬，另外兩百萬做爲碰到股災時的兩年生活費。

當然，時光不能倒流，我在後面的篇章就會來分享，我是怎麼做到的？

買保險要買得廣，但不用買得深

近來我每次演講，總是以「理財就是投資嗎？」做開場。理財是爲了「管理財產」，不一定要「賺錢」，但至少要達到「保値」的功能，而投資就是爲了「賺錢」。以此標準來看，前述三大退休條件中，保險和房子是

「保值」，拿錢買股票則是「投資」。

但是，大家有沒有發現，幾乎所有的壽險顧問在向你銷售保單時，是不是都將訴求放在「投資」上面？

三十年前，我可以每年繳兩萬五千元，就能在二十年繳費期間，得到三百萬的理賠，正好讓我老婆可以繳清房貸。二十年後不用再繳，但還能有一百五十萬的理賠。

但是，近年來全世界央行不斷降息或印鈔票來挽救經濟，導致壽險業要靠龐大利差來提供高額理賠的條件已經不存在了。所以壽險顧問都在賣投資型保單，讓你自己挑基金，自己來提高理賠金額。我常懷疑，這樣做不是跟自己拿錢去買基金一樣嗎？結果買投資型保單還要被壽險公司賺一手啊！

投資型保單對投保人太麻煩了，那就來賣儲蓄險，給你比銀行定存好一點點的利息，再披上保險的包裝，這樣至少簡單明瞭些。爲了讓投保人安心買醫療險，只要不理賠，最後還會全額還本給你。試問幾十年後，通貨膨脹會讓同樣的金額可以支應同樣的生活水準嗎？

請把「投資」、「儲蓄」、「還本」的成分都拿掉，你要支出的保費就會低很多，把省下來的錢用我後面介紹的投資方法，一定勝過保險公司可以提供給你的報酬率。換句話說，我建議買的都是「消費險」，只要不生病、不出意外，保費就化爲烏有。請問，有人希望靠保險賺錢嗎？應該沒有吧！就算有，很可能其中有惡意的成分在。當然，年紀越輕投保，保費當然越便宜。

此外，不要認爲理賠越多越好。以醫療險爲例，一天病房補助一千元，當然比一天三千元需要支付的保費便宜得多。你有需要住最高等級的病房嗎？還是難道你希望多賺一些理賠金額嗎？我的建議是各項險種都要有，但都去買最基本的理賠就好。既然你希望保費最後都浪費掉，你當然要找最便宜的保費，不是嗎？

有些小型壽險公司可能會用低保費和高理賠來吸引你，但千萬別受誘惑。儘管之前有些保險公司倒閉，政府都用納稅人的血汗錢來保障保戶的權益，但你又何必給自己添麻煩？

我認爲，買保險要買得廣，但不用買得深，也就是說，各種險都要買，但都買最必要的。例如，我當年投保三百萬壽險，就是因爲房貸只剩三百萬。如果沒有特定的目標，就買最便宜的。

是否要設定每年保費占收入的比例呢？我認爲「絕對金額」比「相對比例」更重要。當你收入較少時，該買的必要保險仍不能少，如此一來，保費占收入的比例必然偏高，此時你也只好犧牲一些可以投資股票的額度。當你收入較多時，若先設定保費占收入的比例，或許會產生一些不必要的保費支出，也相對減少了投資股票獲利的機會。

萬一發生非常嚴重的疾病或意外，因爲當初保費低，導致理賠金額太少，完全不足以支應往後的生活開銷，怎麼辦？擁有自己的房子，就會成爲你最後的保命符。關於這一點，請見下一篇。

如何選保險公司呢？其實也不必花精力去評估，只要經營夠久、規模夠大、知名度也夠高，就可以了。屈指算來，大概五隻指頭就數完了。國外保險公司優於國內的嗎？我並不認同，或許全球規模更大，專業能力更佳，但動不動就撤出台灣市場，轉賣他人，雖然原有權益應該不會受到影響，但因爲人員異動難免，對服務品質必然有所傷害。

最後，儘量向資深保險從業人員買保單。如果你的壽險顧問剛入行，或是親戚朋友拜託你買，結果很快都離職了，後續的服務就會多少受到影響，在你最脆弱的時候，心情會更沮喪。

保險安排妥當後，退休或失業後的股票投資當然就能更穩健保守。

沒電梯、沒停車位、離捷運站遠、不買車，就買得起房子

保險自始至終都不該是投資，但買房就要看情形而定了。我認爲，人生第一間房在求保值，第二間房以後才能算投資。

很多人一生可能只有能力買一間房，那又何必在乎它有多大的增值性呢？地點是決定增值空間最大的因素，只要你不買在蛋黃蛋白區，價位相對便宜很多，當然也相對負擔得起。第一間房不該考慮它會「漲多少」，而只

要看是否「付得起」。我一再強調，只要沒有電梯、沒有停車位、離捷運站遠，就有機會付得起。

我三十歲買房時，連這些都沒考慮，因爲我們始終相信「買」房是人生必須完成的一件事，若是「租」房，怎麼跟妻兒交代？

我必須感謝買房時，正逢股市的狂飆年代，所以自備款的部分確實壓力不大，但開始繳銀行房貸之後，股市進入空頭時期，眞的只能靠薪資來繳了。我們夫婦當時薪資合計大概六位數出頭，再加上下班後兼點差，所以在五年後就全數還清。或許你會說，因爲我們所得相對較高，當然付得起，但別忘了我們可是有三個小孩要養啊！現在年輕夫婦大部分都只生一個，或許所得沒有我們多，但負擔也沒有我們重啊！

別聽媒體整天幫年輕人算「要不吃不喝十幾年才買得起房子」，但試問，如果你工作勤奮，難道薪資不會年年增加嗎？而且又不必一次付清，透過銀行貸款，就能延長付款期限。你付的租金其實和付房貸差不多，兩者都會對你生活開支造成不小影響，但總有一天你會「擁有」這間房子，而不是一輩子只能「使用」這間房子。

租房和買房大概就差在自備款。支持租房的人最振振有詞的說法，就是這些自備款可以拿來做投資，賺更多的錢。但是，投資哪有穩賺不賠？投資賠錢，房租還是要照付。大家都知道，股市投資人大概八、九成都是虧損的，爲什麼你就相信自己會是賺錢的那一、兩成呢？

此外，租房的人會說「人生苦短」，要即時享樂，所以不該做屋奴，反而應該趁年輕多體驗、多享受。殊不知未來可能是「人生苦長」，因爲醫療進步，平均壽命不斷增加，老年生活將非常漫長，如果連一棟屬於自己的房子都沒有，我眞的很難想像，屆時會多麼淒涼。

我不否認「薪資調整永遠趕不上房價上漲的速度」，但是「有志者事竟成」也是辯不倒的眞理。只要你能抗拒美食、民宿、國外旅遊等小確幸，就有機會把錢存下來，然後也抗拒買車的誘惑，就有頭期款了。

如果你每個月可以存六千元，二十二歲大學畢業到三十歲，八年間就能存五十幾萬，男生因爲要當兵，只能存七年，也接近五十萬。兩人在三十歲結婚，加起來就有一百萬了。以上計算還沒包括該期間因加薪而增加的儲蓄，以及利用穩健投資，一年可能有百分之五的報酬，所以存到一百多萬真的有可能。這筆錢別買車，在大台北蛋殼區，不就是買房的頭期款嗎？在其他都會區，甚至已經超過三分之一的房價了。剩下每個月的房貸，其實跟每個月租金差不多，就無須贅言了。

我有一次演講的時候，有個年輕聽眾分享了自身的買房經驗，後來成為我演講的固定內容。他在二〇一三年買了一間位於汐科火車站附近的三十坪老公寓二樓，總價七百萬。拿自己存的一百萬，再跟父母借四十萬，做為頭期款，其他五百六十萬，向銀行貸款，每個月本利攤還兩萬五千元，這個負擔對他日常生活的影響，還在能忍受的範圍內。未來他和女朋友結婚，兩人加起來的薪水，付房貸就會更輕鬆了。他買房完全符合我的建議：沒車位、沒電梯、離捷運站遠，以及沒買車。只要你有一份穩定的工作，以上的房價絕對不是天方夜譚吧？如果你不是在大台北地區買房，那就應該更有可能了。

前一篇曾提到，萬一發生非常嚴重的疾病或意外，因爲理賠金額太少，不足以支應往後的生活開銷，怎麼辦？這時，因爲你有房子，至少可以賣掉，解立即的燃眉之急。如果你沒有房子，絕對不足以解決理賠不足所要面臨的困境。

買房其實沒那麼難，但不買房，退休或失業後的生活絕對很困難。

有房子，理財更靈活；沒房子，老了還租不到

如果你有一間自己的房子，你的退休或失業後的生活就是彩色的，如果沒有，就變成黑白的。我用兩個好朋友的實例來說明兩者間重大的差異。

其中一個好朋友，近年來也寫了很多本書，甚至還和我合寫其中一本，連退休歲數都與我相仿。他用了一個最簡單的理財方法，就是把當年他在北京工作時買的兩棟豪宅賣掉，回到台灣置產。他雖然從小在台北長大，卻認爲台北的房價實在貴得離譜，買不下手，就決定到高雄定居。兩棟北京豪宅

換一間高雄房子，就多出了一大筆錢，夠他們夫婦用到老都用不完。他根本不用靠投資賺取生活費，有時還豪氣地去環遊世界，連我都羨慕死了。

他常叫我把三十年前買的房子賣掉，搬去高雄做他鄰居。我的房子因爲離台北古亭捷運站很近，當年花一千萬買的房子，現値應該超過兩千五百萬，拿來換一間高雄房子，剩下起碼一千五百萬，眞的連投資理財都不必了。

我曾動心要去台中買房子，只要不買七期豪宅區，一樣至少可以剩下一千五百萬，因爲比起台北房價，眞是太便宜了。台中朋友跟我說，房屋仲介如果發現買方從開價九折開始談起，就知道是從台北來的，因爲台中人都是從七折談起。後來因爲子女都尙未結婚成家，依舊跟我們住在一起，所以就暫且打消這個換房的念頭，但總有一天，我們應該會這麼做，因爲台灣各大都會區的生活水準其實已經都差不多了。

另一個朋友剛好相反，他是當年我在券商工作時的同事，年齡幾乎比我大十歲。他在二〇〇五年，房市正好從谷底反彈上來，就把他在台北市精華地段，而且還是建中學區的房子賣掉，認爲自己靠這筆錢在股市進出，一定可以賺更多錢。

一開始，正逢股市多頭，這個把不動產變現靈活使用的方法確實讓他堅信這樣做是對的。但是，隨後二〇〇七年美國的次貸風暴，以及二〇〇八年全球的金融海嘯，就讓他損失慘重，不只前幾年賺的錢沒了，連賣房取得的本金也去掉一大半，最後連租來的房子也只好換小間一些。

他從自有房屋變成租屋爲生，試問，他在隨後幾年房市一路狂飆中，還有機會再買房嗎？股市波動性絕對比房市來得大，眞的不要過度高估自己投資股票的能力。他現在後悔，已經完全來不及了。

最慘的是，有些房東不太歡迎上了年紀的人來租屋，因爲一來怕你沒收入付不出房租，二來怕你在屋內往生。這件事也在提醒年輕人，你現在很容易租到房子，但到了老年，尤其是人的平均壽命已經延長到八、九十歲，屆時恐怕你連房子都租不到，只能去住安養院了。

如果你因爲不想失去老朋友，不想離開熟悉的環境，所以不會考慮把台北的房子賣掉，搬到中南部去住，現在也有解決的辦法，那就是政府正積極推動的「以房養老」的政策，讓你的不動產可以變現來生活。這個政策就是你把房子抵押給銀行，然後銀行每個月付給你一筆足夠生活的費用，同時你還是可以繼續住在原來的屋子裡。換句話說，生活不變，還有錢拿。這也是在提醒你，退休或失業後的生活只要有房，其實是不必太焦慮的。

選擇自己最熟悉的投資工具

存款裡的錢必須進行投資，才能一直有收入進帳，來維持生活之所需。任何投資都有風險，但因爲保險和房子都已備妥，投資當然就比較能夠無後顧之憂了。

要投資什麼呢？每個人都該找到他最熟悉的投資工具，千萬不要做過度的分散。因爲越熟悉的投資工具，風險對個人而言就越低。反之，爲了遵照很多理財專家的建議，爲了投資組合而納入你所不熟悉的投資工具，風險其實更高。因此，我認為只要專注一項，最多兩項投資工具，就已足夠。我有證券商十五年的工作經驗，加上股市資訊最易取得，所以我就選定股市投資來做為養家活口的主要工具。其他投資工具的優劣，我將簡單分析如下：

第一、**定存**：千萬別認為它零風險。縱然帳面數字絕不會少，但每年的通貨膨脹率都遠高於定存利率，所以存錢的下場就是虧損。

第二、**房地產**：第一間房是理財，第二間以上就是投資了。只要不是買在題材被過度炒作的地區，獲利相對可期。不過，退休或失業之後，沒有穩定收入，資產流動性變得很重要，因此房地產變現慢的缺點，就得慎重考慮。

第三、**黃金**：在美國貨幣寬鬆（QE）政策退場後，黃金避險功能所造就的狂飆行情已趨於緩和，價格波動區間變小，不易獲利。我建議去買實際的金條，而不是用黃金存摺來殺進殺出。

第四、**外匯**：各國經濟實力的強弱，直接影響該國貨幣的升貶，因此外匯投資考驗你對全球經濟的解讀，我認為其實比股市投資更難。我只有一個建議，不要去買國外基金，因爲不只有價差的風險，還有匯差的風險，若想投資外匯，就去做該貨幣的存款，至少風險只剩一項。

第五、**期貨**：它訴求的重點就是「以小搏大」，每個成功的故事都強調它的「高報酬」，但是從來不提醒它同時具備的「高風險」。退休後，真的沒必要整天提心吊膽，也沒必要分分秒秒盯著大盤看。如果傷身有賺錢還好，不要傷身傷心又破財。你如果不是退休，而是失業的話，就更沒有承受高風險的資格和能力了。

之前我有提到，很後悔自己只有一千萬就貿然退休，因爲當時子女仍在就學，正是花費最多的時期。投資稍有不愼，可能就會侵蝕本金，對家庭經濟影響甚爲巨大。好在從二〇〇三年失業那年，直到二〇〇七年發生美國次貸風暴之前，股市走了很長一段多頭行情，所以靠股票賺到一家人的生活費倒也不是太難的事。

近來常被人問到，退休究竟要準備多少錢才夠？當我回答只要一千一百萬就夠了，很多人都不相信，如果你住在大都會區以外，甚至只要八百八十萬。不過，這必須有三個前提：保險已足夠、有自己的房子，以及子女都已成年就業。

以我爲例，我都符合上述三前提，而我和老婆往後生活一年大概要五十萬。拿一千萬做穩當投資，一年只要百分之五的報酬率，就能賺到所需的五十萬。百分之五，因爲不高，容易達成，所以不會每天都想進出股票，也不會心存僥倖而躁進，眞的可以等到低點再進場，獲利可能性當然就比較高。還有一百萬呢？就當作萬一碰到股災時，可以支應兩年生活的預備金。

接下來，我將分享這一千萬在這幾年間到底是如何操作的。

用功做套利，真的零風險

我生性保守，知道那一千萬如果不小心操作，可是會拖垮家裡的經濟，所以風險考量的重要性遠大於獲利的追求。股市風險這麼高，但居然還是有零風險的交易，一般人稱之爲「套利」。不過，這需要非常用功，而且還要時時刻刻盯盤，才能安穩賺到錢，因爲無風險的時間可能只有一秒。我這樣做了一年多，報酬率有百分之十三。心動嗎？在此分享給大家。

最常見的套利交易就是轉換公司債與現股市價之間出現的價差交易。你可能偶爾會看到類似「××一」或「××二」的股票名稱，它就是該公司發行第幾次的轉換公司債。它是一種公司債，一般面額是十萬元，你買了它，就表示公司欠你十萬元。公司很聰明，不想還你錢，他們說你可以用每股多少元（轉換價）換成公司的股票。如果該股票市價高於當初規定的轉換價，表示買轉換公司債有利可圖，就趕快買進，但擔心市價過幾天又低於轉換價，所以在買進轉換公司債的「同時」（大概一、兩秒之內），立刻融券放空該股票，把利潤鎖定，如此就能完全零風險；然後拿到券商辦理轉換公司債換成現股去還券，利潤就穩穩落袋爲安。

有點麻煩，對不對？轉換公司債交易比較冷門，而且融券放空又要繳保證金，加上買進轉換公司債的價金，所以資金積壓很嚴重。此外，市場上有一些人也在玩，所以一旦出現套利空間，要立刻執行，稍一遲疑，就被別人買去了，自己只好繼續耐心等待。因此，沒錢沒閒的人還賺不到這種零風險的利潤。

其次，近年來很流行公司之間的合併。因為合併價格多半比市價略高，被併者才會有意願，所以這中間也必然有套利空間。這時候，我們就買進被併公司（也就是消滅公司）的股票，並同時放空存續公司的股票，也就鎖定獲利了。兩公司合併的套利也需要同時支付買進價金和融券保證金，不過合併程序極長，所以不像前述轉換公司債的套利那麼快入袋。

還有一種比較簡單，就是公開收購案，近來最有名的案例就是日月光（2311）收購矽品（2325）。公開收購的價格一般都會比被收購公司的市價略高，投資人才有意願把股票賣給收購者。這時，你就買進被收購公司股票（如矽品）就好了，然後向券商申請持股有意願被收購即可，屆時自動會把價金撥入你的銀行帳戶。不過，這種收購案一旦見報後，被收購公司的股價會立刻趨近收購價，你買進雖還有賺，但真的只剩蠅頭小利。不只賺不多，有時金管會或公平會，甚至股東會還不一定會同意，一旦審核未過，股價立刻下跌，讓你慘遭套牢。我在十年前做公開收購的套利比較簡單，因為一般人都把被收購公司以利空解讀，所以我就能以較低價取得股票來獲利。不過，現在投資人都懂了，獲利空間甚至比前面兩種套利更小。

套利雖然零風險，但付出的代價就是時間，因為你必須堅守在電腦前，一刻不得閒地盯著盤面，以免機會稍縱即逝。有時，一整天甚至一個禮拜都沒事做，眞的非常無聊。當時，台股正走大多頭行情，想說這樣雖安全，但報酬率並不高，所以決定不做套利了，直接去做現股交易。

個股基本面、技術面、消息面，通通不可靠

俗話說得好：「一個計畫趕不上一個變化，一個變化比不上一通電話。」如果沒有「內線消息」，你根本不該相信自己能在股市賺錢。失業在家，與當年同事或同業漸行漸遠，怎麼可能還有第一手的明牌呢？即便是還在券商服務期間，明牌每天都有好幾支，尚且不能保證我賺錢了，現在我連

一支明牌都沒有，要怎麼辦呢？

研究股市不外從三方面下手：基本面、技術面，以及消息面。你懶得花功夫，只好去參加投顧老師的會員。參加過的人都知道，他們在電視上講得頭頭是道，但一旦加入會員之後，老師就不再那麼神奇了，大部分最後都是虧損收場。我也曾經參加過一期三個月，績效眞是慘不忍睹，所以我發誓不再看投顧老師的節目，以免又被他們迷惑了。

不靠老師，就得自立自強，首先當然從基本分析下手。我自己是承銷出身，會計當然是強項，閱讀財務報表可說駕輕就熟，但股市有一千多支股票，要從何看起啊？而且股票投資，要看的是公司的「未來」，而不是財務報表所揭露的「過去」績效，那麼閱讀財報能有多少幫助呢？同時，財務報表中有很多的假設，還有可以操控的空間，雖然完全合法，但並不能完全無誤地表達公司的實際成果。我認爲做基本分析，不容易讓你挑到會狂飆的股票，只能讓你避免買到會變壁紙的地雷股。

基本分析有它先天的局限，那就來好好研究技術線型吧！明知是好股票，但買賣的時機更重要，這就是技術分析能提供的線索。不過，大盤指數用技術分析來找高低點，正確性大概八九不離十，但個股常常就不準了。因爲一來有些小型股可能有作手在操控，技術指標會完全失靈，二來個股充滿想像空間，看好時一路漲到頂，看壞時一路殺到底，所有技術指標都會鈍化。我認爲技術分析其實就是事後看圖說故事，講得再活靈活現，也很難幫你預測明天會漲？還會跌？

基本分析和技術分析都有盲點，只好求助消息了。不過，一般散戶怎麼可能有內線？充其量只是親朋好友告訴你的明牌，但是你有沒有想過，他們有義務要幫你賺錢嗎？還有，就算明牌眞的會漲，他會記得告訴你什麼時候要賣嗎？或許不是他不想告訴你，而是他的明牌來源也沒有告訴他啊！有時，他們會說目標價多少，但常常來到目標價八、九成的價位，主力早就跑光光了，你沒即時賣掉，那就只是紙上富貴一場。

更多投資人是看報紙、看電視買股票。試問，這種消息大家都知道，憑什麼你就認爲自己會賺錢，其他人都會賠錢？我們可以合理懷疑，知道內情的有心人士早就低檔默默買進了，等到要出脫時，就把好消息告訴記者，結果報紙、電視一刊登，散戶蜂擁搶進，他們卻輕鬆落袋。我常說：「報紙要反著看，電視要小心看。」

我買賣個股的期間，正逢大多頭，當然還是有賺，但「人心不足，蛇呑象」，我還想賺更多。這時，魔鬼悄悄近身，告訴我期貨可以「以小搏大」，而且只管大盤漲跌，不必基本分析，也不必到處打聽消息，只要懂技術分析就可以了。

沒時間、沒資金，只會做多，就不要玩期貨

二〇〇七年，我到期貨公司開了戶，摩拳擦掌準備大顯身手。

期貨是一種高槓桿的金融商品，只要幾萬元就可以買賣一口，如果你買多，漲一點就賺兩百元，漲一百點不就賺兩萬元嗎？天下哪有這麼好康？但是，萬一跌了呢？卻沒人去想，因爲大家都相信自己的判斷一定正確。

玩期貨有三個條件。第一，你的時間要夠多。股市瞬息萬變，一個轉折就牽涉幾千幾萬元，所以你必須從早上八點四十五分開盤盯到下午一點四十五分收盤，連上廁所、吃飯都要速戰速決。第二，你的資金要夠多，萬一要補保證金，你能立刻補足，不然期貨公司馬上給你做反向平倉，讓你損失慘重。第三，你不能只會從多方角度來思考，而是該多就多，該空就空。期貨要定期結算，甚至盤中也要隨時檢查保證金是否足額，它絕不能有「不賣就不賠」的鴕鳥心態。

買期貨還要幾萬元才能進場，我玩的是槓桿更大的選擇權，甚至五元（還未將手續費計入）就能參與了。

你看大盤會漲，就買「買權」（call），反之，你認爲大盤會跌，就買「賣權」（put）。因爲你是買進，所以即使判斷錯誤，最多也只是輸光你所支付的權利金。

如果你認爲大盤不會漲，你就賣「買權」，反之，如果你認爲大盤不會跌，你就賣「賣權」。選擇權越接近到期日，價格就會越趨近於零，所以賣方因爲事先賣出，等到到期日價格歸零時，就可以把賣出的權利金通通放進口袋。做賣方，除非碰到幾百點的大震盪，簡直是一種「不勞而獲」的謀生方法。

簡單來說，你認爲「會」發生，就「買」；你認爲「不會」發生，就「賣」。

我做了好幾個月賣方，一直有種飄飄然、不眞實的感覺，因爲這世界上竟然有這麼輕鬆的賺錢方法，大家還那麼認眞工作幹嘛？

話說正陶醉在這種賺錢美夢中，幾乎完全忘了風險意識，殊不知此時黑天鵝已悄悄出現。當年七月，美國爆發了次貸風暴，股市連兩天大跌好幾百點，「賣權」價格已經不能用「狂飆」來形容，根本就是用「噴出」的。那兩天我不只把之前的獲利全數吐光，連本金都賠上好幾十萬元。

這次慘痛教訓嚇壞了我，從此完全不敢碰期貨。不只自己不玩，逮到演講、上廣播節目，或接受雜誌專訪的機會，都一再勸誡大家別碰期貨。能在期貨持續賺到錢的人，我眞是佩服到五體投地。你要好好衡量自己，不論是財力還是能力，千萬不要冒冒失失跑進期貨叢林，成了任人宰割的小白兔。

黯然離開期貨傷心地，只好重新回到股市，玩了期貨之後，更無心於個股基本面的研究，幾乎和一般散戶一樣，胡亂射飛鏢來選股。初期尚有不錯斬獲，但馬上又碰到二〇〇八年的金融海嘯，把賺的又賠光。當時心情鬱卒到吃不下飯，睡也不安穩。

某個下午，我正準備午睡，突然靈光乍現，頓悟了一個淺顯的道理，終於讓我找到了解答。如果我只要跟大盤完全一樣，至少就可以睡得著覺。要達成這個微小的心願，只要買和大盤高度連動的「元大台灣50」就好啦！從此，我的投資人生只有這一檔股票了。

只買一支股，就是0050

金融海嘯瞬間鋪天蓋地而來，任誰都難逃劫數。只要有買股票的人，都是虧損嚴重，遑遑不可終日，我也不例外。很擔心賴以為生的股票收入恐難再有，加上本金不斷縮水，恐有坐吃山空的一天。

自以為擁有豐富的學經歷，可以靠投資股票養家活口，結果績效還不是敗給大盤？那乾脆與大盤同步就好，至少不會每天揹心肝，老是怨嘆賠的比大盤還要多。當時大盤指數已跌到四千點附近，不知買什麼，就決定把所有套牢的股票全數賣光，眼不見為淨，通通換成跟指數幾乎完全連動的元大台灣50。

元大台灣50是二〇〇三年開始掛牌，它是一檔涵蓋台灣前五十大市值股票的基金，透過五十檔股票持股比例的設計，可以和大盤指數的漲跌幅度幾乎完全一樣。我之前也有買過，但嫌它波動不大，又自認績效怎會輸給大盤，所以有些嗤之以鼻。經過金融海嘯的震撼教育之後，決定徹底認命，不奢望賺大錢，只期望安穩獲利即可，甚至就算賠錢，也不會輸大盤，可以安穩睡覺。

沒想到開始專注買賣這一支股票之後，才發現它有太多的好處。

首先，理財專家都說「要選股不選市」。選對股票，當然會賺大錢，但選股太花時間，又太難了，最大的風險就是你選的股票有可能成壁紙。但是元大台灣50的五十支成分股或許有一支會變成壁紙，但你能想像這五十家公司會「同一天」倒閉嗎？這是絕不可能的事。眞有發生的一天，那就是台灣政治發生巨大的改變，屆時任何台幣投資，包括定存，都將一夕成空。

其次，個股有極大的可能受到人爲的操控。多少散戶被主力「養、套、殺」害到傾家蕩產，但是大盤幾乎不可能被任何主力操縱，那麼和大盤連動的元大台灣50就不會發生被人坑殺的情事，當然就相對安全穩當得多。

選股要花非常多的時間和精力，有多少人有能力看懂財務報表？既然很難，大家就到處追逐明牌。如果明牌眞的有用，爲什麼超過八、九成的投資人都是賠錢的？沒有明牌，只好看報紙買股票，下場一樣悽慘。試問，買賣元大台灣50還需要看財報？聽明牌嗎？這樣至少不必再花很多的時間和精力。

很多投資人都有套牢的經驗，甚至認爲「不賣就不賠」，但如果你在一九九〇年用最高價一千九百七十五元買國泰金控（2882）的前身國泰人壽，經過二十幾年，現在只剩不到四十元，你得漲五十倍才能解套，你覺得有可能嗎？但是近年台股指數約在八千多點，要回到台股歷史高點12682，只要漲百分之五十就可以解套，是否相對有機會的多？以上舉例還是國內壽險龍頭股，若是其他投機股，要想解套，更是天方夜譚。元大台灣50是幾乎可以「不賣就不賠」的唯一標的。

買股票追求的不外乎是股息和價差。如果是一個以長期投資爲目的的投資人，股息的重要性更勝價差。元大台灣50從二〇〇五年配息以來，最高一年配四元，最差配一元，平均約在兩元左右，以近期股價六十幾元來算，股息殖利率都在百分之三以上，比定存好很多，而且最棒的是它每一年都填息，平均填息日數爲五十四天（詳下表）。

買進年度	當年配息	填息日數
2005	1.85	28
2006	4.00	68
2007	2.50	5
2008	2.00	6
2009	1.00	24
2010	2.20	5
2011	1.95	102
2012	1.85	36
2013	1.35	68
2014	1.55	6
2015	2.00	251
平均	2.02	54

K小於20，買；K大於80，賣

如果只有穩定股息，我後來也不可能年年獲利超過十八趴（公教人員退休優惠存款利率）。眞正專心買賣元大台灣50之後，才知道它絕對不是只和大盤一樣，透過簡單的技術指標，它更容易掌握大盤的高低點，低買高賣，然後輕鬆賺到比大盤一年漲幅還高的報酬率。

因爲實際操作後發現這個簡單的方法，我才寫下了我的第一本書《只買一支股，勝過18%》，希望透過我的分享，讓大家投資股票不只賺錢，也能不再焦慮。

因爲大盤不會遭到人爲操控，所以大盤的技術指標的參考性絕對比個股來得大。此外，個股充滿想像空間，看好時，就算指標已經過熱，也會鈍化，一路狂飆不回頭；看壞時，指標落在低檔，同樣會鈍化，一路跌跌不休，你想攤平，常常越攤越平。反觀，因爲元大台灣50與大盤連動，所以毫無想像空間，漲多了，指標過熱，它就會回檔，跌多了，指標跌無可跌，它就會反彈。

每個投資人都有習慣採用的技術指標，我認爲都無妨，而我則偏好KD值（隨機指標）。K永遠在零到一百之間，越低代表指數（或股價）越低，隨時會反彈，越高則代表指數（或股價）越高，隨時會下跌。因此，我就以此爲依據，只要日K小於二十，便買進元大台灣50，日K大於八十，便賣出元大台灣50，而這就是我這幾年堅持執行的紀律。

有個理財專家曾建議，指數七千點以下，股價五十元以下，就是買進元大台灣50的最佳時機。但是，如果用他這套方法，從二〇一二年迄今，你根本就沒機會買進，因爲這幾年指數最低只來到七千二百點（而且只有一天），元大台灣50股價也只跌到五十五元，難道你就什麼都不必做了嗎？如果因爲等不到他說的最佳買點，反而去買了別的股票，可能還套牢、賠錢呢！

我的方法追求的是「相對區間」，而不是「絕對價格」。日K小於二十，一定是該期間可以進場的相對低價，而大於八十的時候，則一定是該期間應該出場的相對高價。依我這幾年的觀察及實際操作，每年大概會出現三到四次，每次漲幅約百分之十，所以依此紀律進出，每次掌握百分之五的獲利，應該是合理的結果。

如果你只想賺股息，任何時候都可以進場買元大台灣50，但你還想賺價差，甚至仍希望享受追求低價買進的成就感，那就耐心等到日K小於二十再進場吧！

操作股票不外乎依據「判斷」、「紀律」和「人性」。判斷正確，當然賺大錢，但判斷太難了。投資最切忌人性中的僥倖之心，但大多數投資人都難違人性，結果非套即賠。我則認為紀律最重要，雖然現實人生絕對沒有萬無一失的方法，但你總要有一個成功機率較高的法則來遵循，總不能每次用猜的，然後事後懊悔說「早知道」。

我以二〇一六年五月到六月的行情來驗證這套方法。請看圖一，從五月三日到十六日，共有十天日K小於二十，股價在五十九到六十一元之間買進。再看圖二，從五月二十五日到六月八日，共有十二天日K大於八十，股價在六十二到六十五元之間賣出。這段期間的報酬率應該有百分之六到百分之十，不難賺到吧？只看你有沒有決心執行這個紀律而已。雖然後來漲得更高，但我們不是只要賺百分之五，就足夠退休生活了嗎？相對許多買個股還賠錢的投資人，我們要知足啊！

圖 1

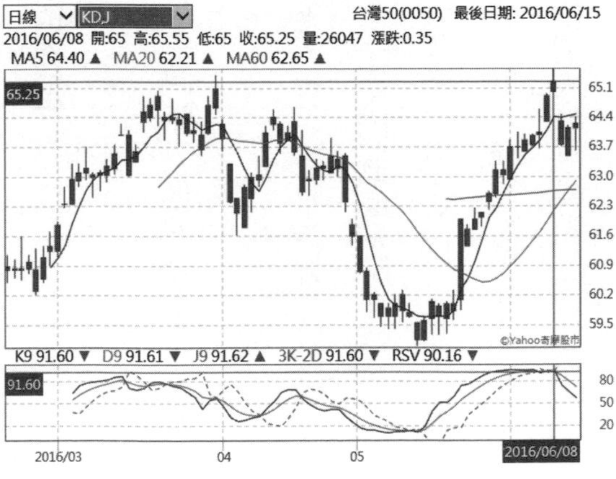

圖 2

每年有股息，不會變壁紙，就不怕套牢

我的這套方法從二〇〇八年執行到二〇一四年，都從未失手，但在二〇一五年，終於踢到鐵板。

爲何行不通了呢？因爲當年從一萬點下來後，一路走低且跌破季線，空頭走勢確立，所以我才會慘遭套牢，而這套方法也因此必須略作修正。

股市從二〇〇八年以後，一直是處於大多頭行情，所以日K總是會來到八十以上，才會開始反轉向下。不過，二〇一五年在重返萬點後不久，股市走勢明顯轉爲空頭型態，但在當下，一般投資人很難立刻確認行情轉空，我也一直認爲我所遵循的紀律仍是萬無一失，結果每次日K跌破二十，我就買，但每次日K來到五十就下跌了，根本沒有機會給我賣，所以就這樣一路連環套。

雖然元大台灣50的跌幅和大盤幾乎一致，所以我也不致於太沮喪，但是當八月二十四日當天大盤暴跌到七千二百點，元大台灣50跌到五十五元附近

時，要說我心裡還能不惶恐、不焦慮，那也是自欺欺人，更何況我的平均成本在六十六元以上，而且部位高達三百張。

這三百張也包括老婆所有積蓄投入的錢，那就更難跟她交代了。不過，心情沮喪並沒有很久，我突然頓悟了一個大道理，正所謂「不經一事，不長一智」。套牢是千眞萬確的事實，但我不過是把「存錢」變成「存股」罷了。只要存股的標的不會變成壁紙，每年還有穩定的股息可以領，有什麼好害怕的呢？

這時，有一個非常簡單的應對之道，那就是每個月賣一張來過日子。股災當時，當然不敢過度樂觀，所以就假設一股只能賣五十元，也就是一張可以變現五萬元。我問老婆：「一個月五萬，夠不夠過日子？」她說：「沒問題，只是不能常常出國去旅遊了。」如果一個月賣一張，一年可以賣十二張，三百張可以賣二十五年，屆時我們都八十幾歲了。

但是就這樣坐吃山空，萬一臨時有什麼大筆支出，怎麼辦？別忘了，元大台灣50平均每股每年有兩元的股息，三百張就有六十萬元的股息，即使每年賣十二張，股息自然每年也會遞減，但我算過二十五年後，光靠股息也可以存下七百六十萬元。八十幾歲還有這麼多錢，怕什麼？

後來，我並沒有這麼做，因爲到了二〇一六年三月，加上所領的股息，我已經解套了。還是那句老話，大盤解套的機率相對個股還是大得多。到了二〇一六年七月一日，股價收盤甚至高過我的套牢成本六十六元，連兩元股息都穩穩賺到了。

有次演講，我一如往常分享以上的想法，結果有位聽眾的態度更正向，他說：「存元大台灣50還有一個最大的好處，就是不會被詐騙集團騙走你的積蓄。」令人莞爾，但也很睿智。

我套在六十六元不算最慘，如果你在二〇〇八年買在當年最高價七二・三元，其實也不用怕。因爲從二〇〇八年到二〇一五年，總共配息一六・四元，只要不跌破五五・九元（這期間只有三天曾經跌破），你都還不會賠錢，而且抱得越久，領得越多，賠的機會就越小。

沒有人喜歡套牢，有了這次慘痛教訓之後，我對原來的做法也必須略作修正。當大盤跌破季線，而且一直無法站回季線，就可確定大盤將進入空頭市場，此時不能等到日K大於八十才賣，或許大於五十，就得先落袋爲安。雖然賺不多，但至少還有賺，而且比較不會被套牢。那麼，日K小於二十，就要買嗎？

或許小於十才買，會更安全一點。

0050的衍生性商品可賺價差，但沒股息

以往我在大盤日K大於八十，賣掉元大台灣50的同時，也想融券放空，賺它下跌那一段的錢，但卻發現券源很少，只好作罷。因爲和我想法相同的人很多，所以投信公司就開發出一種反向的衍生性商品「元大台灣50反1」（00632R），當大盤跌的時候，它就會漲。反之，大盤漲，它就會跌。因此，當大盤日K大於八十時，可以一面賣掉元大台灣50，一面買進元大台灣50反1。

不過，我不會等到大盤日K小於二十以下，才賣掉元大台灣50反1，我

認爲只要有賺就好，趕快落袋爲安才是上策。因爲買元大台灣50反1，其實就是做空，但我跟大多數投資人一樣，是死多頭，如果一旦被軋空，心情一定會很焦慮。

有了反向，當然也會有正向衍生性商品，那就是「元大台灣50正2」(00631L)，而它的漲跌幅對應指數就變成兩倍了。政府心態永遠在做多，既然你讓買反向的人能夠發股市下跌的災難財，當然就更該鼓勵投資人在低檔勇於買進，因此就用兩倍的報酬來做誘因，這就是爲什麼要「反1」卻「正2」了。

請注意，這兩檔衍生性商品是不宜長期持有的，因爲它不會配股息給你，因此只能短線進出賺價差。只有在兩種情形下，或許還能長期持有。一是八千五百點以上，因爲以台股近二十年的指數區間來看，大於八千五百點的機率只有百分之二十，所以長期持有元大台灣50反1就比較有可能賺錢。二是五千點以下，長期持有元大台灣50正2才有機會賺，因爲五千點以下的機率不到百分之十五。如果介於兩者之間，還是賺價差就好了。

近來不只這兩種衍生性商品因爲價格相對便宜而成交火熱，國內投信公司也推出許多類似元大台灣50這種指數型基金（ETF）的國外版，如大陸、香港、日本、美國和印度。不只有股票的ETF，還有黃金和石油，眞是好不熱鬧。這其實是世界潮流，因爲ETF簡單好操作，目前全球的發行規模已經幾乎等於美國GDP總額。ETF是屬於「被動型基金」，而大家比較熟悉的股票型基金則是屬於「主動型基金」，前者的績效和它所連結的指數一致，後者則看基金經理人的能力和操守而定。既然一般人很難判斷基金和個股的優劣，那乾脆去買連結該市場的ETF，就不用傷腦筋、花力氣去研究了。

不過，很多人誤以爲這些在台灣發行，並以台幣計價的ETF都和元大台灣50一樣，那可就大錯特錯了。

首先，它們不一定連結當地指數，甚至只是連結當地的ETF，所以很難像元大台灣50和台股指數有超過百分之九十八以上的關聯性，也就不容易用技術指標來判斷高低點了。

其次，它們連結的市場的交易時間和台股交易時間不同，常常在我們收盤之後，當地股市卻發生暴跌的情形，害這些ETF的持有人沒有立即反應的時間。元大台灣50的交易時間和台股交易時間完全一致，對投資人最公平。最後，它們都沒有配息，所以只能搶短線賺差價，絕對不該長期持有。

很多人問我，有沒有操作其他國家的ETF呢？我很直接了當回答：「我靠元大台灣50就能賺到滿意的報酬，幹嘛還要辛苦去研究並判斷其他股市的未來呢？」

0050之外，還可考慮0056

如果有人退休之後，根本不想花精力去賺股票的差價，只想買了股票，放著不管，每年有股息可領就好了，然後把寶貴的時間去做其他更有意義的事情，究竟有沒有這種好康呢？

這其實就是現在最夯的「存股」觀念，但這種股票一定要兼具穩定配息、和不會變壁紙這兩種特性，才能讓你心安，讓你「手中有股票，心中無股價。」台積電、台塑集團、電信三雄都是「用膝蓋想就知道」的優質標的，但是它們都太貴了，換句話說，股息殖利率其實並不高。現在坊間有許多標榜「存股」的理財書，教你如何挑選股息殖利率更高的小型股，但這似乎又不符合你不想花時間與精力的個性。

這時，「元大台灣50」和「元大高股息」（0056）就是唯二值得買進的標的了。前者的特性請詳見前面的章節，我就不再贅言，而後者其實更適合單純想要存股的投資人。

元大高股息是由近年來有穩定配息的三十家公司股票所組成的基金，它和元大台灣50一樣，幾乎不可能發生三十家公司「同一天」倒閉的情事，所以也不會變成壁紙。它近幾年股價都維持在二十元到二十五元之間（見圖三），相對元大台灣50便宜多了。此外，它每年配息約在一元左右，換算股息殖利率約在百分之四到百分之五之間，又比元大台灣50的百分之三要高。

我常說，買賣元大台灣50的依據是技術指標的KD值，但買進元大高股息眞的不必太在乎進場時機，因爲前者和大盤連動性很高，後者則幾乎沒有關

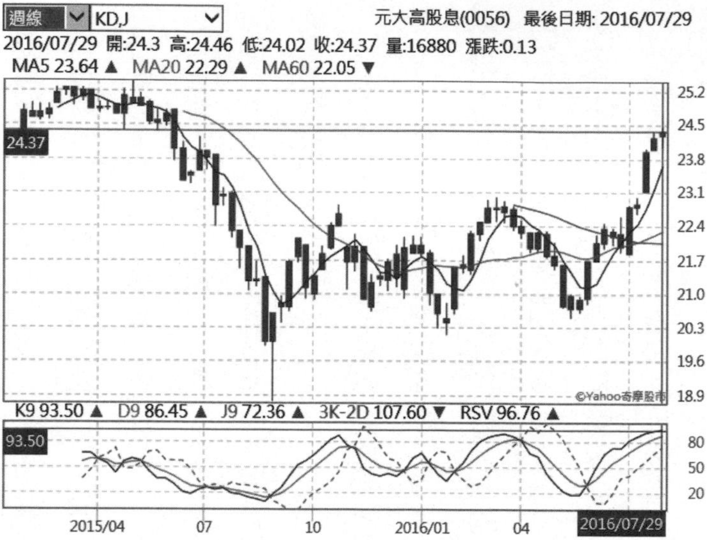

圖3

聯。買進後者的價格越接近二十元，股息殖利率就越接近百分之五，價格越接近二十五元，殖利率就越接近百分之四，但差別很大嗎？如果不大，就不要太計較了，更何況近來的區間大概是在二十一到二十三元之間，眞的別花腦筋找買點了。

我演講若碰到聽眾年齡比較大的時候，他們對元大高股息的興趣也相對比較高。有趣的是，股息殖利率較高並不是他們最在乎的，反而是因爲股價牛皮，讓他們覺得不必煩惱價格的波動，可以放心擺著，一點都不會焦慮。

後來，我碰到年輕聽眾較多的場合，我也會比較推薦他們買進元大高股息。原因之一是「便宜」，只有元大台灣50的三分之一，他們相對比較買得起；原因之二同樣也是「牛皮」，這樣他們才能心無旁鶩，專心工作，畢竟我一直認爲「工作是正餐，投資只是附餐」，千萬不該本末倒置。

元大高股息只有「股息」可以期待，所以適合那些認爲百分之四以上的股息殖利率就足夠支應日常生活開銷的退休族。如果你雖然退休，或是中年失業，仍需要負擔很重的家庭支出的話，那麼兼具「賺價差」和「賺股息」兩種特性的元大台灣50就是比較適合你的投資標的。

投資0050和0056，在不同的年齡層和就業情形，應該有不同的策略。0056適合剛入社會的年輕人，專心工作，累積股息。0050則適合收入漸多，但負擔也漸重的中壯年，不只賺股息，也要賺價差。到了退休之後，則看你對投資收入的態度，只要百分之四到五的報酬率就滿足的話，就買0056，希望賺到百分之十以上，則買0050。

我目前的持股比例大概是元大台灣50占七成，元大高股息占兩成，其他一成去進出正2和反1。你不一定要比照我的做法，只要你自己覺得安心不焦慮，就是最適合你的配置。

我必須承認，當我開始專注買賣元大台灣50之後，從此心情就變得非常篤定，不會每天再被股價漲跌所干擾，生活品質相對提高很多。這個投資方式的確立，改變了我中年失業後的人生，成為最重要的轉捩點。

退休或失業之後，絕對不是只有「錢」這件事，如何好好經營自己的生活，其實是更重大的課題。因為不再為投資煩惱，我就有精力去面對更複雜的子女教養問題，也有機會開始拓展自己嶄新的人生。

4 教養

協助孩子走過青春期，比功課好更重要

沒有人樂見自己中年失業，即使投資績效良好，無須憂慮家庭生計，也不該沾沾自喜，因爲靠買賣股票就能維生，絕對不是應該給予子女的正向榜樣。不過，就教養子女的這個層面來說，卻又印證了中國那句俗諺：「塞翁失馬，焉知非福。」當時三個子女陸續進入國、高中就讀，因爲我已不再上班，才有足夠的時間和精力陪他們走過徬徨叛逆的階段，一方面讓他們不致走岔了路，二方面可以順著他們的天賦去發展。

我常跟別人說：「子女在國小的時候，全家是夏天；進了國中，全家是

秋天；進了高中，全家就成了冬天；一直到他們上了大學，全家才又回到春天。」我們家還沒有四季這麼分明呢！因爲當大女兒（以下都稱姊姊）進入高中時，雙胞胎兒女（以下都稱弟弟、妹妹）也進入了國中，我們家眞是既淒涼又寒冷。

姊姊國高中都念家裡附近的公立完全高中，弟弟念的則是私立的音樂班，妹妹國中在家裡附近念，高中則考上北一女。三個子女後來都考上國立大學，一個政大，一個台藝大，一個台大。或許有人認爲，三個子女都考上好學校，就代表我的教養是成功的，我倒不以爲然。我不會矯情地說，我並不重視他們的學業成績，我只能說，我不是只重視他們的學業成績。我和絕大多數的人一樣，沒有能力去衝撞現行的教育體制，然後說一番教育應該如何如何的大道理，或是把子女送到國外去求學，我只能在這個框架下，去適應它，去得到相對較好的結果。

在以下的章節中，我不會把重點放在如何協助他們考上好大學，而是會聚焦在如何協助他們走過青春期，這個對我來說，應該是比功課好更重要的事。

我先來分享一個我最喜歡的有關親子教養問題的比喻。

有一個老師帶了一個空的奶粉鐵罐和三個袋子進了教室，然後把第一個袋子裡裝的高爾夫球放進鐵罐裡。裝到滿出來之後，他問學生：「還能繼續裝嗎？」學生說：「不行了。」老師搖搖頭，拿出第二個袋子裡的鵝卵石又放進鐵罐裡。因爲鵝卵石較小，可以塡補高爾夫球留下的空隙。放了一些鵝卵石進去之後，終於又滿了。他再問學生：「還能繼續裝嗎？」學生這次學乖了，回說：「還可以。」老師笑笑，再把第三個袋子裡的細沙倒進鐵罐裡，這時才終於把鐵罐完全塡滿。

如果我們把裝塡的順序顚倒，也就是先放細沙進去的話，根本就不可能再裝鵝卵石和高爾夫球了。這個比喻其實就是在講親子教養的優先順序。

我認爲高爾夫球代表的是我對子女最重要的要求，也就是「努力」和「善良」，鵝卵石代表的是和諧的親子關係，細沙則代表了遵守規定和升學期望。每個人對子女教養的優先順序不一樣，特別是很多家長會把細沙當做第一順位，那肯定會帶來最緊張的親子關係。一旦緊張之後，家庭就不可能和樂，屆時父母講再多的道理，子女也聽不進去了。

當然，我也不會矯情地說，我把子女都當朋友看待，那也不對。我一向秉持的立場是「抓大放小」，只要他們偏離「努力」和「善良」，我就會成為嚴厲的父親，否則不會太計較他們的小過小錯。

「欺騙」對我而言，就是子女絕對不能踰越的紅線，一旦犯此天條，我才會眞正發飆，印象中的次數，大概五根手指以內就可以數完。子女犯錯，只要他們願意承認，我其實不太苛責，因爲在成長過程中，知錯能改，也是非常重要的學習經驗，但絕不能用說謊來迴避。一旦欺騙成性，長大後就不可能是「善良」的人，也不可能會是一個「努力」求上進的人。

溝通只是彼此妥協，黑臉白臉絕對無效

各位或許會懷疑，怎麼前面那一篇都在講「我」的教養態度，而不是

「我們」（我和老婆）的教養態度呢？

在子女的教養問題上，我和老婆一開始常常意見相左，甚至讓我們之間的關係越來越緊張。其中最大的衝突點，是她始終認爲「規矩」是非常重要的。家有家規，校有校規，都是必須遵守的，而後者更是沒有任何妥協的空間，是絕對不能違反的。相較之下，我在這方面的態度，卻讓她覺得我似乎是在默許他們不必太在意，甚至已經到了姑息的地步。

我想，這是絕大部分的家庭都會面臨的問題。很多親子教養專家給的建議，一定是夫妻要經過充分的溝通，然後找出共識來，但我卻認爲這是很制式，而且過度理想化的做法。父母當然都是爲了子女好，但是誰能保證溝通之後所採行的方法一定就是最好的？子女教養是不能重來的，也沒有「早知道」這回事，一旦所採取的方法產生反效果，那是覆水難收啊！況且，溝通所得到的共識常常是彼此妥協後的結果，可能更無法解決問題。

有些父母或許會採取「一個扮黑臉，一個扮白臉」的方法，當一方嚴厲後，另一方就負責緩和氣氛，讓子女比較能接受。我個人認爲，這是更差的做法，因爲子女會無所適從，久而久之，他們根本就會看穿這些伎倆，從此不當回事。這種黑臉白臉法，到最後就是該要求的事情總會打很多折扣，甚至還不如兩個都扮黑臉算了。

有趣的是，以前我們總說「嚴父慈母」，但就我身邊很多朋友的例子來看，現在大部分都是「慈父嚴母」。可能是父親都忙於工作，子女教養就交給母親負責，爲了讓自己下班後，不要爲了管教問題影響休息，乾脆就當和事佬，所以相形之下，現代父親多半慈祥，母親反倒相對嚴厲了。

我們家怎麼做呢？在「我不上班，老婆要上班」的現實狀況下，我決定負起絕大部分的教養責任，因爲畢竟我比較有時間和精力來處理子女可能發生的問題。我們溝通的結果，就是由我一肩扛了。

此外，老婆來自一個非常嚴厲的傳統家庭，她很難忍受子女有太多的意見，因爲她從小就是一個不敢頂撞父母的乖小孩。我們四、五年級生，從小在威權教育體系下成長，但社會越來越民主多元後，當年我們父母的那套方法眞的只能束之高閣了。我們只能自嘆「生不逢時」，當年都是順著父母的意願去發展，沒有自我，但現在卻只能依著子女的志向，從旁去協助護持，讓他們發揮自我。

老婆其實也有前述這種體認，她唯一抱怨的是子女都不太做家事。不做家事也就算了，連自己房間的整潔也懶得做了。我對這方面眞的不太在乎，也認爲這是雞毛蒜皮的事，不必爲此事壞了親子關係。或許我太重視親子關係的和諧，甚至太小心呵護，而有點鄉愿。有一年的春節前夕，老婆要求大家一定要徹底整理一次自己的房間，而且非常堅持。我眞的有點擔心，最後會不會發生嚴重的衝突？不過，子女這次出奇地聽話，非常認眞地把房間收拾得煥然一新。我事後檢討，此次過關的原因有二，一是我和老婆都有以身作則，絕不是只要求他們要做到整潔而已，二是他們應該認爲一年整理一次，已經是父母可以容忍的最大限度了。

我之所以願意扛起重責大任，可能跟我的自信有關。不過，這個責任其實是非常巨大的，因爲一旦沒有把子女教養好，我是沒有藉口，而且難辭其咎的。「教養」二字，大家總認爲父母只應該負責到子女成年爲止，但我卻不敢以此自滿。成年後，不論他們發生什麼事情，雖然都必須自己負責，但我還是認爲，或許是我以前的教養方式出了問題，才會導致後來的結果，因此這個壓力對我而言，即使子女已經成年，也從不曾稍減過。

對子女的讚美與批評一定要公平

我覺得教養子女最難的就是「公平」兩個字。

物質上做到公平，比較容易，因爲我會記得在姊姊不同階段給的零用錢是多少，給的壓歲錢是多少，弟弟妹妹就能比照辦理。

非物質的部分，就不容易完全公平了，因爲沒有人天生就會扮演父母的角色，很多狀況以前是怎麼處理的，完全不記得了，下回再碰到，就又是另一種應對，結果給子女的印象就變得前後不一了。他們常常會跟我抱怨：「以前我不行，爲什麼現在就可以？」或是「他可以，爲什麼我不行？」

老爸必須在此承認，我並不是一開始就存在兩套標準，而是當場的心情做了不同的判斷。如果時光能倒流，或是讀者的子女還很小，請記得儘量把各種狀況所做的決定記下來，因爲父母雖然健忘，小孩可是記得清清楚楚。（奇怪，很多學科內容都記不住，這種事卻記憶深刻？）

當然，常常也是因爲「此一時，彼一時」而造成差異。例如，姊姊要上超人氣的補習班，我就半夜去排隊，一來確定能完成報名，二來可以幫她選一個最好的位置。但是，輪到妹妹要上補習班時，我卻讓她自己和同學去報名，好像突然覺得這不該是我的事。姊姊上補習班到很晚，我也是叫她自己坐公車回來。妹妹卻因爲高二以前都在忙社團，功課大受影響，爲了讓她高三趕進度不致於太累，只好每次都開車去接她回家。事後檢討，確實不公平，但我捫心自問，絕沒有差別對待的意圖，因此眞的沒有發生過他們跟我當面抗議的事情，關於這一點，我必須肯定他們確實很懂事又善體人意。

子女還在念小學的時候，我比較嚴厲，而且對生活習慣的要求也比較多。上了國、高中之後，他們的課業壓力越來越重，我對一些生活常規確實是有些放鬆，比如做家事和整理房間，也比較少責備他們。我曾聽過一場有關親子教養的演講，台上的專家說要適度運用「讚美」與「批評」的技巧，讓孩子受肯定而願意努力，也因責備而往後能知所警惕。我認爲，如果你只有一個小孩，眞的該好好學習這兩者運用的時機和方法，但當你有兩個小孩以上，最好乾脆都不讚美，也都不批評了，或者至少不在所有子女都在場的時候公開讚美和批評。爲什麼呢？還是因爲「公平」那兩個字。你讚美了老大，老二會說，我也這麼做過，你爲什麼不讚美我？或是老二總覺得，老大這麼做就沒事，爲什麼我做了，你就罵我？

很多父母常會因爲子女的功課好壞，導致對待他們的態度會有很明顯的不同，我覺得這是萬萬不可的。我的三個子女在學科成績上，非常不一致。如果我和上述父母一樣，那麼功課好的就會自認是天之驕子，以後越難管教，功課不好的就會自暴自棄，甚至走上歧途。這一點，我自認爲是做的最公平的地方。功課好，不代表子女未來前途就好，大部分的時候其實是父母的虛榮；功課不好，也不代表他就一無是處，因爲他或許有別的天賦，行行不是都會出狀元嗎？

我自認最公平的地方是，只要是他們提出需要我幫忙的事情，我幾乎沒有拒絕過，總是排除萬難要做到。比如表演活動要找贊助廠商，或是再晚都會去接他們回家，但只限於非玩樂之事。或許有的要求多，有的要求少，「數量」上或有不同，但「品質」上絕無差別。換句話說，我對三名子女可能有枝微末節上的不公平，但至少在教養的態度上是絕對一致的。不過，教養的方法可能會因孩子本身不同的個性而調整，有人可以直接了當，有人則可能要婉轉一些。我有時甚至覺得在家裡不容易掏心掏肺把心裡話說出來，還會刻意開車出去找個地方，和他們好好談。

全力支持子女發展天賦

我覺得我在教養上，最成功的地方是「支持」。

我的三個子女都念了他們最想念的科系，一個中文、一個音樂、一個企管，也完全符合他們的人格特質。我認為，子女念得開心，比父母的虛榮更重要。

我有一個親友的小孩，明明成績可以念一所他喜歡的私立大學的法律系，父母卻要他非念國立大學不可，最後念了一個他不喜歡的系，其實是平白浪費了四年。

我從來不會因爲現實的考量，去要求他們應該填什麼志願。我一個大學同學當年聽到我有子女念中文系，非常不以爲然地和她說：「念這個，將來能做什麼？」如今我很想回答她：「她現在非常喜歡她的工作，也做得非常好。」父母有時爲子女操太多的心，總希望他們出了社會，能有薪水很高的穩定工作，別挨餓受凍，甚至還能光宗耀祖，所以會出於善意，要他們念一些比較容易謀職的科系，但子女的興趣和天分可能就此被抹滅了。

弟弟因爲從小就有音樂的天分，所以後來去念音樂班音樂系，也是順理成章的事。不過，音樂系的出路是很狹窄的，他的同學畢業後，也沒有相關的音樂工作可以做，最後根本是學非所用。我問同學的爸爸，你後悔讓她念音樂嗎？他說，一點都不會，因爲她如果走傳統升學的道路，一定會非常痛苦，學音樂，至少讓她求學很開心，也很受肯定。

我支持我的子女念任何他們有興趣的科系。因爲有興趣，才有學習的動力。能夠認眞學習，才能成爲專長。有了專長，將來進入職場，才有競爭力。「科系」不能保證讓你找到工作，但「專長」絕對是你能夠立足職場的憑藉。

除了學業的支持外，我也支持他們的社團活動。妹妹高中時熱衷參加學校的熱舞社，曾引發家裡比較大的爭論。有一次，我去參加她班上的家長會，老師要求家長都要起來分享教養的經驗，結果大部分的內容都在抱怨他們的女兒因太多的社團活動而耽誤了課業。輪到我發言，我說我女兒參加的是熱舞社，之後發言的家長就不再抱怨了，因爲熱舞社絕對是最浪費時間的。

熱舞社當時大概有三十幾個高一的同學，到了高二，只剩下十一個，可見同學家裡的反對聲浪有多大。我老婆也很反對，心想好不容易考上北一女，不好好念書的話，不是白念了嗎？爲此，我和妹妹有次長談。我說：

「你這麼愛跳舞，就要有心理準備，將來可能考不上好大學，這是你必須付出的代價。但是如果不讓你跳舞，你將來又沒考好，你就會有雙重的失望。所以，爸會讓你跳，至少讓你完成一個心願。」她終於能夠繼續跳舞，後來也考得很好，眞可謂「兩全其美」。當時，我的心理壓力非常大，因爲萬一她考不好，我得擔起所有的責任。

除了支持他們的社團活動，我也一定會去參加他們的成果發表會。弟弟每次的音樂表演，和妹妹的舞蹈表演，以及她高中時期最重要的雙年舞展（北一女每到雙數年都要辦大型的舞展）當然都會去，而姊姊當年在擔任大學詩社社長時所辦的靜態展覽，我也沒有缺席。他們有任何演出，對我來說都是最優先的事。儘管我其實也不一定看得懂或聽得懂，但子女一定爲了這場表演做了很大的努力，光憑這一點，就該親自到場，給他們掌聲，也給他們最大的肯定。

違反校規不必然就是壞學生

我認爲最容易造成親子關係緊張的原因就是「校規」，因爲學校一定會打電話給家長，然後家長就會氣急敗壞。

姊姊、妹妹國、高中念的是公立學校，弟弟則都是念同一所私立學校。兩相比較之下，後者的校規眞的要比前者多很多。私立學校爲了吸引家長把子弟送去就學，最重要的訴求就是「管教嚴格」。據說，有所位於新北市著名山城的私立中學，就以軍事化的管教著稱，甚至它的制服顏色非常鮮豔，就算你逃學，都可以在山上清楚看見你。

弟弟去念私立學校的音樂班，其實是不得已的。因爲他小學並不是念音樂班，所以只會彈鋼琴，並沒有學任何副修的樂器，而一般公立學校音樂班考試都要考主修和副修，只有這所私立學校不考副修，最後當然就去了。有一次，他在學校吃營養午餐，因爲偏食只吃其中一道菜，老師也會打電話來告訴我。還有一次，因爲帶紙杯到學校，不符環保要求，還被記了一個警告。

當年，我也是念這所私立學校的普通班，因爲升學率高，所以有全國各地的學生來就讀，甚至包括當年台東高中聯考的榜首。爲了讓家在外縣市的學生可以專心讀書，所以有提供宿舍給他們住。結果，到了弟弟去念的時候，宿舍裡都是大台北地區的學生，據說很多都是因爲父母懶得管教，就把子女送來住校。我得承認，我送他去住校，除了家裡離學校太遠之外，這也是其中一個理由。

我一直對一句經典廣告台詞「學音樂的孩子不會變壞」非常不以爲然。大家都以爲學音樂會讓氣質變好，當然就不會變成壞孩子，但眞正有天分的人，其實很難接受框架的束縛。音樂班的學生去衝撞校規的比例，遠比普通班來得高，比如服裝儀容、教室的整潔和秩序等等。我很感激弟弟的高中導師，她常常護著這些孩子，去對抗訓導處堅持的那些過於嚴苛的校規，因爲她認爲班上的學生在本質上都是良善的。

弟弟在學校的表現，讓我常常接到校方的電話，甚至要求我得到學校去好好溝通。我當時其實有些慶幸，因爲如果我還在上班，學校打來，正好碰上我在開會，或是正在拜訪客戶爭取業務時，請問我還有心情工作嗎？

校規最重要的一環就是「服裝儀容」，偏偏弟弟在這方面抗拒最大。我們當年男生都是小平頭，也沒人在乎美醜，但現在已無髮禁，年輕人又極重視外表，所以他經常去頂撞的，就是服儀規定。有一次，我居然被他說服，還去和校長理論。學校有一條規定：「穿白襯衫就要穿內衣，穿體育服就不得穿內衣。」弟弟每次就是穿相反，他說：「穿體育服，會激凸，所以要穿內衣遮住，穿白襯衫，不會激凸，爲什麼反而要穿內衣？」結果校長也被我問到啞口無言，只說這是創校以來就這樣規定了。

弟弟當然不是那種成天打架滋事、混幫派的壞學生，但以我們當年的標準，他絕對也不是「好學生」。不過，有件事讓我願意重新思考：「常常違反校規」和「壞學生」是不是該畫上等號？那是一個週六的晚上，他到了午夜都沒回家，我打電話給他，直接破口大罵，叫他立刻回家。後來老師才告訴我，他是爲了安慰一個想自殺的同學而晚歸。知道眞相後，我還該用學校的標準，認爲他不是「好學生」嗎？

凡事不該立即反應，停一下才能冷靜處理

前一段提到的挽救同學卻被我痛罵的事件，給我最大的啓發是「凡事不該立即反應」。

我在子女還小的時候，聽過畢生第一場親子教養的講座，其中有一段話，我一直記在心上：「你是不是常覺得奇怪，爲什麼小孩會怕那麼小的狗？但如果你蹲下來，用小孩的視線看那條狗，你就會發現，那條狗還眞不小。」也就是說，父母不該以既定的看法來面對子女的角度，所以我常常警惕自己，要發脾氣，要講道理時，至少不要太快反應出來，給自己一點時間去思考子女可能在想什麼。不過，這其實很不容易，一旦克制不住，自己既衝動又暴怒，讓幾次衝突都面臨到難以收拾的絕境，只能慶幸最後沒有到難以挽回的地步。

在電話兩端，是比較難控制情緒的，如果是面對面的狀況，我比較忍得住。這時，我會先離開現場，去冷靜一下，但臉上還是會表現出不悅的表情，明確告訴他們，這件事我不能苟同。當彼此氣稍微消一點的時候，我會到子女的房間去好好表達我的立場，而不是叫他來我的房間。

近來，我越來越認為不該你一句我一句的爭辯，因為話說太快，衝動脫口而出，一定會造成更大的衝突。現在，我喜歡用臉書的私訊來溝通，因為字打完送出之前，總有反悔的機會，而且打成文字，用詞能更精確，更容易完整表達你的想法，不會製造更新的誤會。

除了意見相左，子女提出某些要求的時候，就算你覺得再可笑、再不實際，我認為也不該太快否定他。我眞的不是那種動不動就跟跟子女說「不」的父親，總希望幫他們完成夢想。不過有兩次說「不」，都和弟弟有關，但也不是立刻脫口而出，而是講完道理後才說的。

第一件事是他還在念高中時。有一天上學前，他跟我說明天放學後，要去新光三越參加爵士音樂會，怕我拒絕，特別強調是「免費」的。我隨口問他：「是哪一家新光三越？」他說：「在台南。」很多父母可能當場就不准他去，因爲放學後，要從台北趕到台南，眞如柯文哲愛說的「用膝蓋想也知道」不可能，但我把話吞進去，想說把火車時刻表和票價表上網查清楚之後，等他今晚回家再告訴他。他看完之後，才知道要花這麼多時間和這麼多錢，所以就決定不去了。

第二件事相對嚴重得多，因爲他在即將升高三的時候，跟我說他想休學。我聽到之後，只是淡淡地說：「我等你這句話，等很久了。」因爲他的學科實在不行，應該很難承受傳統的升學壓力，所以我早有心理準備。接著，我說：「我並不會完全反對，但請你拿出紙筆來，列出休學後每天在家要做的五件事，因爲總不能成天在家睡覺吧？」他很快寫下第一件事：「去老師家繼續學作曲。」（他主修作曲）但第二件事，略想了一下才寫下：「在家自修樂理。」我說：「樂理能自修嗎？不過，沒關係，就當可以吧！」接著，花了更長的時間才寫下第三件事：「幫老師整理樂譜。」我說：「這又不是每天都有的工作。」第四件事是「去唱片公司打工，掃地、倒水都可以。」我說「那種工作早有人做了。」第五件事一直空白在紙上。他終於知道，休學可能更無聊，這才打消念頭。爲了鼓勵他繼續念高三，然後上大學，我決定每天開車送他去上學。不能只送他一個人，順路連妹妹也一起送了。討價還價的過程，雙方都要讓步啊！

對子女的關心，不要只局限在功課上

我認爲親子互動時最大的冷卻劑，就是有關「功課」的話題。

有時候，我去親友家拜訪，看到他們的子女放學剛進家門的時候，父母常常問的第一句話就是「今天考的怎麼樣？」或是「今天在學校都好吧？」然後子女就一副臭臉，直接走進房間不出來了。

我得承認，三個子女中，我對姊姊的功課最關心。她剛上國一的時候，我記得我還親自出數學考題來幫她複習，但一方面眞的太花時間和精力了，實在難以持續，二方面反而給她更大的壓力，所以後來也就不再這麼做了。

沒有過度關心後，她的功課還是能維持一定的水準，所以後來弟弟、妹妹上國中後，我當然就不會重蹈覆轍了。

姊姊很幸運，在高中時有一個很照顧她的老師，所以她的學校生活眞的不用我太操心。弟弟一般學科的成績眞是不敢恭維，我只求他音樂術科要好好學習，所幸那是他的興趣，他也眞的很努力。妹妹高中熱衷熱舞社之後，每次考試成績大概都落在後段班，要幫她也是力不從心，只好作罷，所幸她高三拚命追進度，最後才能考上前幾志願。

弟弟每天要在國父紀念館捷運站下車，距我們家只有不到五分鐘的車程，我還是會開車去接他。在車上，我絕不會提學校的事，有時跟他說我今天發生的事，有時聊電影，有時甚至只是閒扯淡。

姊妹倆的大學學測成績都不甚理想，所以他們根本沒有去參加各校的推甄，直接拚第二階段的指考。我認爲推甄根本就是勞民傷財又不客觀的方法。除非你的孩子是七十五級分，否則爲了能通過推甄，都會自動降低志願序，而且從一月到四月底都處在心情浮動階段，萬一推甄失敗，只剩兩個月能念書了，怎麼可能考得好？姊妹因爲心無旁騖，結果指考完全發揮她們應有的水準，最後都能順利考上她們想要念的大學和科系。我眞的很懷念當年錄取率只有百分之二十幾，又被人批評「一試定終身」的聯考制度，至少它最公平，而且最不花錢，窮人家的子弟（如阿扁）才有機會靠考試翻轉人生。推甄花錢，爲推甄要參加的許多課外活動也要花錢，結果國立大學都是有錢人在念，私立大學卻是窮人要背學貸才能念。

弟弟因爲要念音樂系，一定要走推甄的路，但至少大部分的學校都參考術科成績，不會憑主觀的面試來決定錄取與否。現在對這些有藝術或體育天分的人是比較友善的，因爲學科只採計國文與英文，其他數學、自然、社會不要零分就可以了。但是，現在國中升高中，卻要求所有的學生都要有音樂、體育等多方面的才華，眞的是害死那些沒天分的人。我從小就手腳不靈活、五音又不全，但我後來的人生有很糟糕嗎？現在，我們鼓勵了那些有藝術或體育天分的人，卻懲罰了那些沒有的人，公平嗎？

如果你的子女念書非常痛苦，眞的不要爲了一張大學畢業證書，逼他們走傳統升學的路，因爲再怎麼逼都是徒勞無功的，還不如去念技職學校，習得一技之長，肯定會比那張大家都有的文憑更値錢。

子女長大，父母要學著放手

親子教養總該有結束的一天，那就是他們「長大」的時候。二十歲只是法定上的成年，但子女上了大學之後，或許就該認定他們長大了。

天下父母心，總是希望能透過自己的人脈，拉拔子女一把，我也不例外。姊姊剛上大學不久，我就很希望能幫她找份打工的差事，第一個想到的就是我那個從事版權代理的大學同學。姊姊從小熱愛文學，在那裡兼差寫書介，對她來說，應該駕輕就熟吧？看著她帶回成堆的原文著作，又要上網查相關資料，眞有些捨不得。做了一個月之後，她因課業繁重決定結束這份差事，然後跟我說：「爸，別再介紹你同學的公司給我了。做得好，他們覺得理所當然；做得不好，讓你沒面子，這樣我壓力太大了。」這時，我才終於知道，父母的好意，或許反而成了子女的壓力。當年，我爸要幫我介紹工作，我不是也拒絕了嗎？怎麼輪到自己成了父母，又走上相同的路？

弟弟念音樂班，卻從來不想在古典音樂領域發展，而想從事流行音樂的工作。正巧我有一個國中同學在流行樂界，堪稱「教父」級的人物，所以就算已經三十年不見，我還是硬著頭皮打電話跟他約了時間，要帶弟弟一起去拜訪他。他也爽快答應，一方面同學敘舊，二方面給他評估一下兒子成不成材？有沒有潛力？我們聊得開心，弟弟卻有些不自在。臨走留下弟弟國中畢業音樂會的DVD，希望他有空看看，並給些批評指教。過了幾天，打電話問他意見。他個性直率，不是會講客套話的那種人，他說：「帶來給我看的朋友小孩非常多，但你的孩子確實很不錯，加油！」心中雖然很得意，但然後呢？後來，弟弟上了大學，我好像也不好意思再去找他。弟弟說，他現在有自己的人脈，不需要再靠我的關係。其實，在流行音樂界裡，我只認識這個同學，也真的愛莫能助了。他現在已經大學畢業，如果還需要我去找這位同學，我恐怕才該擔心了。

妹妹大三暑假在找實習工作時，一開始很不順利，我又想去找正在擔任國內最大童裝公司總經理的同學幫忙安插個工作，但她馬上就拒絕我了，說她要靠自己的實力去找，結果最後在全世界最大的家用品公司找到了實習機會，畢業後還直接就進了這家公司工作，顯然比我幫忙的結果還要更好。

眞正讓我接受子女已經長大的事實，是弟弟在租屋處玩音樂，吵到鄰居要去報警的那次。我的第一個反應就是趕快買禮物，然後去跟鄰居賠不是。弟弟立刻打臉我，他說：「我已經成年了，我要爲自己的行爲負責。」我這才驚醒過來，沒錯，他得自己去解決，不該什麼事都讓我去善後。原來他也能處理得很好，因爲他和鄰居後來還成了好朋友。

子女長大了，父母一定要學著放手，別讓這個社會充斥太多的媽寶。花蓮私立海星高中的校長孔令堅，不只是我的高中同學，也是我親子教養方面的導師，我要用他的一番話，來總結父母和子女的關係：「學齡前，子女離不開父母的視線。上了小學，父母在前面帶路。上了國中，父母站在旁邊協助。上了高中，父母站在身後默默支持子女。上了大學，或子女成年離家，父母拉著一條線（手機）防止子女走錯路。結婚後，就得把線剪斷，讓子女自己飛。」眞是一針見血。

子女上大學，交友比課業重要，也無須念研究所

我在子女念大學時，只給了兩個建議，一是「課可以不上，但班上活動一定要參加。」二是「畢業後不要馬上念研究所」。

我有個表哥當年是交大畢業的，後來自行創業，正當業務蒸蒸日上，忙得不可開交時，他考上了台大商研所。我問他：「你都忙成這樣了，還有時間念書嗎？」他居然說：「我不是去念書的，我是去交朋友的。班上很多人都在各行各業發展，認識他們，對我自己的事業發展，絕對是好事。我可以不上課，但郊遊烤肉聚餐舞會，我一定會去參加。」

我把這個故事告訴子女，他們似乎也這麼做了。或許因爲他們這種與人經常互動所展現出來的親和力與正向能量，讓他們雖然都只有大學畢業，但

也能很快找到自己喜歡的工作。

我看子女的大學生活，眞的比我當年輕鬆多了，因爲他們的課外活動實在多到我都懷疑他們有時間念書嗎？在我看來，大學生多多參加課外活動，其實也有它正面的意義，做父母不必太擔心，若子女經常窩在家裡，不去與他人互動，我才覺得問題更大呢！

我一直認爲，就算你在學校沒有把專業知識學得透澈，但只要經過工作上實際操作的歷練，就能補足當年不足的部分。甚至很多人根本是學非所用，學校學的和日後工作用的完全無關。但是，人脈的培養卻沒有補救的機會。你不在大學時代和同學培養革命情感，日後在社會上打拚，就少了很多得到同學幫助的機會。

人脈甚至是要花錢來投資的，但是當然要投資在益友身上，千萬別浪費在酒肉朋友身上。奉勸年輕人，趁你仍在就學，父母還需負擔你的學費和生活費時，好好交幾個大學死黨，未來進入社會，才有人和你互相扶持、互相勉勵。

「專業」和「人脈」如果在大學階段已經建構完成，就別遲疑了，趕快到職場大展身手吧。念研究所至少會耽擱兩年，也就比別人少賺兩年，當然也就少存兩年的錢，不是嗎？

我的三個子女都大學畢業了，可能也是受到我的影響，沒有一個去念研究所。我跟他們說：「如果你想走學術研究的路，才去念研究所，否則就先去工作吧！工作幾年，發現確實有能力不足的地方，再去念研究所。」

我有參加妹妹的畢業典禮，聽到司儀宣布，當屆有四千兩百個大學畢業生，四千兩百個碩士，七百個博士，我眞的覺得自己是LKK了。當年大學畢業生和碩士大概是十比一，現在居然一比一。如今不只人人有大學念，連碩士都滿街跑了。我甚至懷疑，很多人念研究所的動機其實是想儘量延後進入社會的時程，避免即刻面臨可能失業的壓力。

或許各縣市廣設大學的政策讓大學生眞的很浮濫，必須再念研究所才能向企業人資部門證明自己比大學畢業生優秀。但是，我們用一個簡單數學來算，大學念四年，研究所多念兩年，請問後者的能力眞的強過前者百分之五十嗎？或至少後者的薪水要比前者多百分之五十吧？依常理和事實判斷，應該沒那麼多吧？那麼，爲什麼要在大學畢業後，馬上再念研究所呢？從成本效益來評估，根本就不值得。

當然，有些電子公司用人的基本條件就是必須至少碩士以上的學歷，那就另當別論了。

旅行既能洗滌疲憊心情，又能修補夫妻關係

二〇〇九年底，我在子女教養及家庭經濟的雙重壓力下，幾乎已經快要喘不過氣來，老婆也想從繁重的餐廳工作中透一口氣，因此我們兩人決定來一趟出國旅行，讓我們有一個可以喘息的空間。我們決定，隔年一月要去嚮往已久的北海道一遊。北海道風景美，任誰都會喜歡，但這次爲何會帶給我這麼強烈的感受？因爲它代表了「洗滌」和「修補」。

二〇〇六年去紐約看王建民之後的三年，我們家就沒有人出國旅行過，

甚至連國內旅行也不復記憶。子女面臨升學考試的壓力，老婆在餐廳忙得焦頭爛額，而我則歷經〇七年次貸風暴、〇八年金融海嘯的煎熬，然後在〇九年休養生息一年後，才終於有心情重新踏出國門。

報名這個團，圖的還是它很便宜，早去晚回，紮實的五天，只收兩萬五千元，算是CP值很高了。「精打細算」是我一直改不了的壞（？）習慣。

這個團大概有三十幾個人，多數都是夫婦。因爲團員原先都不認識，所以領隊就利用拉車的時間，希望大家自我介紹，來拉近彼此的距離。首先由坐在最前面的一對中年夫婦開始，先生很老實地說，自己目前失業，正在找工作。這句話對我很震撼，心裡想：「待會兒我也要這麼說嗎？」

輪到我時，我把實話呑進肚裡，只說我們夫婦在某個知名風景區開餐廳，歡迎大家回國可以去我們店裡捧捧場。其實，開餐廳是老婆，我是中年失業男。

這個謊沒有撐太久，因爲之後常常有團員問我一些和餐廳有關的事，我都答不太出來，反倒偶爾聊到股票，我還比較能侃侃而談。後來，我才慢慢透露「我已退休」，但從未承認自己是被迫離開。反正五天後回國，和這些人不會再有什麼連絡，又何必把自己的底細和盤托出？

雖然旅程從一個尷尬的情境展開，但晚上在華麗的溫泉旅館內，看著戶外飄落的雪花，口中吃著肥厚鮮甜的帝王蟹，一度鬱卒的心情瞬間就被化解。氣氛佳，燈光美，飯後再去泡個舒服的溫泉浴，根本就是二度蜜月的氛圍。

北海道的美麗風光，太多人都曾親身體驗過，我也不用浪費篇幅來描述。正因爲外在環境的完美配合，洞爺湖的清澈、函館夜景的夢幻、小樽運河的浪漫，加上不時飄落的滿天雪花，才能讓我這幾年來低落的心情得到一次徹底洗滌的機會。

這幾年來，我和老婆的關係，常常因爲子女教養和家庭生計而變得非常緊張，也因爲這趟旅程得到重大的修補。婚宴後的蜜月，是甜蜜戀愛的延續，不足爲奇，但二十二年後，共同走過許多艱辛的現實人生，再次兩人出遊，成了淬鍊後的獎賞。

如果只是兩人世界，這趟北海道之旅也不可能讓我如此難忘。跟團居然能交到很多好朋友，才成就了這次完美的旅行。話說某天中午在用餐的時候，和鄰座的團員聊起，才發現我們有太多的共同處。出生年月相同、英文名字相同、曾經住在隔壁的巷子、母親和我同樣姓施，而我當兵服役的花蓮則是他從小生長的故鄉。種種巧合，連其他團員也聽得嘖嘖稱奇，笑成一團。就這樣，一起見證巧合的五對夫婦和一對情侶，從此成爲好友，回到台灣繼續遊山玩水，還取名「北海盜家族」。關於這段奇緣，後面篇章還有更詳盡的敘述。

北海道五天，甚至可以視爲我失業後人生態度的重要分水嶺，因爲開始有了新的社交圈，讓我的人生就此逐步從負向轉爲正向了。

多找時間陪伴父母，耐心傾聽最重要

我的生活當然不是只有子女，還有年邁的父母，和一起打拚生計的老婆。父母要照顧，夫妻則要相互扶持。

我是父母唯一的孩子，沒有任何兄弟姊妹。照顧父母，當然責無旁貸。有一次，帶父親去醫院回診完，攔了一輛計程車要回家。上了車，運將就問我父親：「歐吉桑，你大概沒有女兒吧？」我搶著回答：「你怎麼知道？」他笑笑地回答說：「我在醫院載到的乘客，幾乎都是女兒帶父母來看病。今天看是兒子帶父親，很自然就會猜你父親應該沒有女兒。」此外，在二〇〇八年，我曾經每兩天就要帶母親去醫院做一次復健。過了半年，很多護理師還一直以爲我是她先生，因爲她們認爲兒子怎麼會有空陪媽媽來復健？

這兩個笑話點出了獨子的責任，但我其實不以爲苦，因爲我看過太多兄弟姊妹爲照顧父母而大動肝火，甚至反目成仇的事情。有時因爲醫療意見不合，有時是爲了勞逸不均或費用分攤而爭吵，這還沒完，因爲到最後還可能爲了遺產分配，上法院打官司。這些事情都不會發生在我身上，當然我的父母也不可能因子女不和而煩心。

沒有跟父母住在一起的子女，很怕看到來電顯示是父母打來的電話，尤其是旅居國外的子女。接起電話的剎那，總是既期待又怕受傷害，若是聽到父母有元氣的聲音，就鬆了一口氣，但如果聽到很凝重的聲音，恐怕就不是什麼好事了。別讓父母打來吧！主動打電話給他們，表達你的關心，也讓自己放心。

父母年邁，上醫院是不可免的事。我認爲最好是所有的疾病都去同一家醫院看診，即便科別不同，但病歷互通，反而可以達到各科會診的效用。因爲你非常熟悉這家醫院的作業和動線，遇緊急狀況時，就不會慌亂失措。此外，老人家會越來越不願面對身體的實情，常常抗拒醫院希望安排的各項檢查。除非緊急狀況，我都會順從他們，能不做就不做，因爲我始終認爲「心理」比「生理」重要，身體衰老難違抗，但心情穩定卻比較容易達成。

除了必要時帶他們上醫院之外，只要週六、週日我沒事，我一定會去看他們。他們平常還能彼此照顧，其實已經是我很大的福分。父母年紀漸大，體力漸衰，所以我也不常開車帶他們去各風景區遊玩，不過就是在家陪他們說說話，看看電視，或是在家裡附近散散步而已。他們已經吃得不多，也很清淡，所以我們很少去大餐廳吃飯。如果你知道母親節當天，我們只是去知名台灣小吃連鎖店吃飯，各位一定會罵我不孝吧？但是，我認爲母親節不該只是特定的一天，而應該是每一天。

平常陪伴他們時，最重要的一件事就是耐心傾聽。年紀越老，就越會一再說出不知講過多少遍的話，而且就算你都已經可以在捷運上坐博愛座了，他們還是把你當小孩，總要千叮嚀萬囑咐，這時即使你早就不耐煩了，但請至少要維持和藹的表情。如果他們和你就只是靜默地坐在一起，那才是最難受的時候。

最後，一定要先把自己的身體照顧好，才有體力去照顧更年邁的父母。如果我們病倒了，反而要他們來擔心我們時，一定會更加速他們的衰老，然後又更加重了我們的負擔，這樣也必定會嚴重影響我們的生活品質。

夫妻同心協力，才能克服重重難關

老婆本來是一名服裝打版師，因爲她哥哥頂下了一家位於新北市知名風景區的餐廳，而她必須經常和她的姊妹在假日去幫忙，等於一個禮拜要上七天班，身體實在不堪負荷，所以乾脆把工作給辭了，正式到餐廳去上班，這樣至少平日還有機會可以休息。

傳統「男主外，女主內」的工作分配，在現代家庭中，已經不是必然的一件事，但這個觀念似乎還是牢不可破。要一個妻子能完全接受丈夫不出門工作的事實，眞的不容易，關於這一點，我是誠心誠意要感謝我的老婆。但是，若說她百分之百支持我這個決定，又有點強人所難。

當她拖著疲憊的身軀，從餐廳回家，看我在家輕鬆愜意，有時眞的會心裡很不平衡，加上很多鄰居不懷好意的關懷，都會讓她的情緒受到一些影響。如果你和我有相同的處境，請千萬要體諒老婆的感受。做丈夫的，就大器一點吧！即使自己心裡也不好受，但請努力忍耐一下，畢竟在體力上，還在上班的老婆一定比你更辛苦。

雙薪家庭的夫婦常常爲了誰該做家事，或是誰做得多、誰做得少而爭吵。如今，既然我整天在家，除了煮飯做菜實在做不來以外，其他家事都通通由我來做了。老婆平常都在自己工作的餐廳用餐，子女國、高中時期中午都在學校吃營養午餐，晚上因晚自習或補習也都是外食，升上大學之後，大部分時間都不會回家吃飯，所以就不用麻煩她每天都要張羅全家的三餐了。後來，發覺做家事不只能改善緊繃的夫妻關係，居然還有療癒的效果。

我得坦承，子女在國、高中階段是我們夫妻關係最緊繃的時期，主要的癥結則是來自對子女教養問題的看法不同。雖然我曾提過，子女教養由我全權負責，但她也不可能完全無動於衷，放手不管。她始終認爲，我對子女的管教太過放任，好像只要他們不做殺人放火的事就好，功課沒關係，操行也無所謂。我當然知道，子女教養只許成功，不許失敗，但我也沒把握，自己的做法究竟是對還是錯，所以壓力眞的非常大。如果碰到她又質疑我的做法，就很容易讓我失控，並讓已經夠緊張的夫妻關係更形惡化。碰到這種狀況，其實是無解的，很多人說彼此要妥善溝通，但誰能保證能溝通出最好的辦法？這時候，只能相信彼此都是出於善意，然後讓時間來自然解決這些問題。

對未來家庭生計能否維持下去的擔憂，也很難不表現在言談中。此時的股票投資不是以打敗大盤爲目標，而是必須追求絕對報酬。我離開職場之後，雖然承諾家中開銷仍由我負責，但我也不敢輕易叫她離職，因爲她的薪水至少是一份穩定的收入來源。特別是在二〇〇八年金融海嘯，全國人心惶惶之際，我眞的很慶幸她還有份不會被資遣的工作，讓我的心情才能稍微篤定些。

這幾年，我在股市幾乎只進出安全穩當的元大台灣50，對未來生活及收入來源已經不再惶恐，就鼓勵她退出餐廳經營。二〇一五年八月，她辭了餐廳工作，決定和我好好一起共度人生下半場。

如果你和我一樣，在子女仍處於求學階段，家中經濟負擔依舊沉重之際，不論是被迫離職，還是自主退休，都請勿過度期待將有令人稱羨的生活品質。因為我所經歷的「失業」的打擊，「宅男」的低潮，「投資」的焦慮，還有「教養」的挑戰，都讓我的現實人生充滿了磨難，而你也難以迴避，都必須一一面對，也要一一克服。

但是，人生不會一直處於低谷，你也不必氣餒，因為山谷總有盡頭，接下來就該是緩步爬升的山坡了。「旅行」讓我有了喘息的空間，「分享」讓我建立自信心，「朋友」充實了我生命的厚度。後面的章節，終於不再陰霾滿天，而開始撥雲見日了。

5

旅行

旅行只能暫時解脫，不可能徹底逃離

股票投資都能穩當獲利，子女又陸續進入大學就讀，教養壓力也逐漸減輕之後，中年失業所帶來的挫敗，終於有種雲淡風輕的解脫感，生活開始變得比較像一般退休族了。

退休的人，不管有沒有「錢」，但至少都是有「閒」的，所以「旅行」就成了我們經常從事的活動，國內不稀奇，國外不嫌多。我有很多朋友一年出國好幾次，甚至有人出國的次數超過兩位數。我常笑說：「我不該問你何時要出國，而該問你哪幾天在國內。」接著我會問他：「你不累啊？」他總回說：「趁還走得動，就趕快去世界各地看看吧！免得走不動了，想去都去不了。」

我不算旅行的重度愛好者，從年輕到現在，有時一年都沒出國，就算出國，一年頂多也只有兩次。還在上班的時候，因爲子女還小，爲了幫他們完成學校作業，所以總會在寒暑假帶全家大小去出國。子女陸續上大學及成年之後，旅行就只剩下我們夫婦兩人了，一來子女有自己的朋友圈，二來我們也想重回只有兩人的世界。

我們四、五年級的男生，當年因仍在戒嚴時期，除非念書或出差，否則依規定在三十歲之前是不可以出國的。開放全面觀光的那一年，我正好三十歲，所以完全沒有占到法令開放的任何便宜。這種違反憲法「人有行動自由」的規定，恐怕不是這代年輕人所能想像的。

每個人對旅行的體悟都不一樣，有人在裡面找到人生的啓發，有人在裡面增長了見聞和知識，有人甚至把它視爲人生夢想的實踐，但你若問我：「旅行對你的意義是什麼？」我會簡短用兩個字來回答：「逃離。」特別是指國外旅行。我之後會提到的地中海郵輪之旅中，當我們走進房間時，馬上就看到床上放著一個可供外出背在肩上的隨身袋，上面有一句話：Escape Completely（徹底逃離），完全就是我的心情寫照，而它天藍色的外觀，何嘗不是意謂「海闊天空」呢？

前面的章節提過，我在二〇〇六年，曾一個人跑去紐約看王建民比賽。兒子後來告訴我，當我回到台灣，開門進屋時，我臉上的表情不是回家的喜悅，而是回家的無奈。他說，好像聽到我內心的OS：「終究還是要回來面對現實的人生了。」回來繼續扮演盡責的兒子、盡責的丈夫，以及盡責的父親。

旅行眞的能逃離嗎？其實只是自我安慰，因爲對家人的掛念從未間斷過。我也知道該放下，因爲眞的出了什麼事，也是趕不回來的，但總是做不到。旅途中最怕接到家人的電話，而打電話回家報平安時，心裡總不免忐忑，深怕有什麼事已經發生了。我有些朋友，甚至只敢到亞洲國家旅行，因爲至少趕得回來。

我中年失業後的人生裡，越早期的旅行，「逃離」的意義就越明顯，越後期的旅行，就開始越能從欣賞各地風光、品味當地人文中，得到「享受」的樂趣。去紐約看王建民，以及北海道之旅，屬於前者，已在前面的篇章提過了。屬於後者那些比較開心的旅行，我就在這一篇各章中，與讀者們分享。這種轉變，和現實生活中心境的不同，有極大的關聯性，畢竟旅行真的只能「暫時解脫」，若想「徹底逃離」，事後發現，不過是痴心妄想罷了。

珍惜並把握親子同行的機會

中年失業之後，我們一家五口從來沒有一起出過國，連國內旅行都沒有，一來全家出遊開銷很大，對當時已無固定收入的我而言，確實有極大的壓力；二來子女上大學後，他們習慣自己和朋友用自助旅行的方式出國，而我和老婆還是習慣跟團旅行，所以更難全家總動員了。

從二〇〇三年迄今，我們帶子女出國了四次，但有時只有我帶他們去，有時又有一兩個小孩沒有同行，所以面對不能全家同行的狀況，還有些許蒼涼的感覺。還沒失業之前，我們全家至少每年都會出國一趟，尤其是子女幼稚園畢業，帶他們第一次出國時，他們那種興奮的表情，至今仍讓我難以忘懷。姊姊第一次出國，是去美國洛杉磯，弟弟妹妹第一次出國則是去新加坡。那是全家最無憂無慮的時光，如今卻難重溫。失業造成的無形陰影，讓歡樂成爲奢求。

這四次出國包括日本東京、香港、韓國首爾，和吳哥窟。

二〇〇五年去日本東京，是我帶三個小孩去的，當時姊姊要上高中，弟弟、妹妹要進國中，爲了慶祝他們即將進入下一個人生階段才去的。東京迪士尼樂園當然是重頭戲，而且我們運氣超好，因爲當天早上下雨，導致遊客不多，但入園後天氣漸漸放晴，所以每項遊樂設施都幾乎不用排隊，甚至很多熱門遊戲還可以玩兩遍，子女開心，我也玩瘋了。當時還沒有發生美國次貸風暴，以及全球金融海嘯，所以算是一次非常開心的旅行。

二〇〇六年的香港行，只有我和姊姊、妹妹去。這和經濟考量有重大關係，因為這個行程透過一間酒店雙人房加床是最便宜的組合，所以最適合三個人成行。老婆的餐廳正逢暑假生意好，所以走不開，兒子對逛街購物沒興趣，他就自動放棄了。一個沒有時尚品味的爸爸，和兩個十幾歲的小女孩，肯定不是香港旅遊局爭取的對象。其實，我當時的心思完全放在「要不要一個人去紐約看王建民」的天人交戰中，該花這麼多錢嗎？該拋下家人這麼多天嗎？

二〇〇七年去韓國首爾，只有姊姊沒去。當時裴勇俊的《冬季戀歌》正紅，但我不是韓劇咖，所以也沒什麼興奮感。此行最大的亮點是看了最棒的搞笑特技舞台劇「亂打秀」，還在雪坡上完整滑了兩趟雪。自這次韓國之旅後，我就沒有再和弟弟、妹妹出國了。想想當時他們不過是國二的學生，現在卻已經都大學畢業了，時光飛逝的速度，實在是快得令人傷感。

二〇一〇年去吳哥窟，只有我和姊姊兩個人。本想一人前往，但住單人房須補價差，有點捨不得，所以就問正在念大二的大女兒要不要跟爸爸去？她說還得上課，我居然勸她「旅行比上課重要」，她這才同意，所以父女這就結伴旅行去了。好萊塢電影《古墓奇兵》全球狂賣，大大提振了吳哥窟的觀光事業。不過，觀光客絡繹不絕的結果，或許又會造成這些人類珍貴遺產永劫不復的破壞，這也再次見證了「經濟」和「環境」長久以來的拉扯和兩難。我們都是吳哥窟的過客，不是歸人。

與子女同遊的旅行，是回憶中最美好的片段。如今，子女們不是新婚，就是在熱戀中，誰要父母在身邊當電燈泡啊？這也是告誡大家，當子女還小的時候，千萬不要錯過和他們同遊的機會，一旦錯過，就是永遠的遺憾。

人生苦短又無常，想做就做吧

吳哥窟回來之後，雙胞胎子女進入高三，全家備戰，所以再次出國旅行，已經是兩年後，二〇一二年去尼泊爾的事了。

我在念大學的時候，雖然不是登山社的正式社員，但偶爾也會參加他們的活動。當年爬過的百岳包括大霸尖山和南湖大山，因此對於攀爬世界第一高峰聖母峰必經的尼泊爾早就嚮往已久。即使此生完全無望登頂聖母峰，但來尼泊爾一遊，應該也算了卻部分心願。

雖然此行連聖母峰的山腳，我們都不曾接近，但來尼泊爾，怎麼可以沒有登山健行的行程？有一天凌晨四點，導遊帶我們上山，去欣賞壯麗的魚尾峰日出。在家宅太久，又缺少運動，早就不是二十幾歲時笑傲群山的我，這回眞是爬得氣喘吁吁，連老婆都不如，甚至可能是全團最後一個爬上觀景點的人。

烈日緩緩升起，把遠方積雪終年的魚尾峰山頭重新塗抹成金黃色，大家歡聲雷動之餘，浪漫指數也破表，兩對來蜜月的團員被我們起鬨要玩親親，他們也大方配合。後來，他們居然要求每一對夫婦都比照辦理。

尼泊爾的平地無一處平坦，山路則非常狹窄，僅夠來回各一個車道，若有車子逆向超車而與來車對撞，全線立刻癱瘓，而且經常一邊懸崖一邊峭壁，稍一閃神，不是墜崖，就是撞壁。每天的行程，至少都要拉車八小時以上，因此可說是幾乎整天處於提心吊膽的狀況中。那麼，搭什麼交通工具才安全呢？原來搭飛行傘最安全。

人的生命其實是非常短暫而無常的。我現在絕對不會說出「等我怎樣怎樣，我就如何如何」的句型，只要想做，就是just do it。傑克尼柯遜和摩根費里曼演的《一路玩到掛》是近幾年對我影響最大的電影，所以我決定這回要趁心臟還沒問題之前，上山玩一次飛行傘。

上山要花半小時的車程，司機老大長相宛若電影中的恐怖份子，碰到轉彎陡坡，居然是一路踩油門，加上這輛破車嚴重超載，甚至左車門沒法關，還有兩人掛在車外。還沒掛上飛行傘，我就已經有點被嚇到。

玩飛行傘最大的心理障礙在衝下斜坡的剎那，真有人腳軟不敢衝。我被安排在山坡的最頂端，和教練一起衝下山的距離最遠。當我跑到快沒力時，正好就是飛出去的那一刻。翱翔天際，御風而行，才終於知道「海闊天空」是何等境界。在天上跟老外教練閒扯淡，腳下是美不勝收的費娃湖，足足盤旋了三十分鐘才落地，只有一個「爽」字可以形容。

還有兩件最爆笑的事，也該記上一筆。一是有人體重過重，沒有教練要跟他一起飛，只有剛提到的司機老大願意情義相挺，這才完成了他的心願。二是我們的女領隊要求教練做特技翻轉，但因太刺激，吐得兩人全身都是中午吃的食物，氣得教練十五分鐘就落地了。

尼泊爾之行，或許可以視爲「認命」之旅。爬聖母峰絕無可能，看看魚尾峰，就算「無魚蝦也好」了。玩極限運動尚有可能，就趕快趁還不到白髮蒼蒼齒搖搖的頹態時，勇敢去實踐吧！人生無常，永遠不要說「等下一次」。

郵輪旅遊懂眉角，這樣才能不無聊

尼泊爾回來之後，老婆再次重申爾後只去高度現代文明國家的立場。又過了兩年，二〇一四年，我們做了一個比較特別的選擇：搭郵輪遊地中海。

要喬出十五天的時間，對我們並不難，唯一的心理障礙是超過兩個星期的旅程，會不會搞到最後身心俱疲？從未搭過郵輪的新奇憧憬，成爲推倒高牆的終極武器。從報章雜誌和參加講座中得知，郵輪生活多采多姿，琳瑯滿目，愛吃愛玩愛看，悉聽尊便，給了我這個從未自己規畫旅遊行程的歐吉桑，有了一個類似自由行「探索未知」的期待。但是，岸上觀光還是跟團旅行，一切都在規畫中，又給了我十足的安全感。

整趟行程從西班牙巴塞隆納上船開始，幾乎每天都停靠地中海沿岸知名景點，包括法國普羅旺斯、義大利佛羅倫斯、羅馬、梵諦岡、卡布里島，再到希臘密克諾斯島、雅典、土耳其伊斯坦堡、庫薩達西，最後從威尼斯下船，又參觀了大學城帕多瓦，才依依不捨飛回台灣。各位可以算一算，我們總共經過幾個國家呢？扣除前後兩天飛行日，以及中間兩天全日地中海航行日，十一天內我們去了六個國家，雖然都是走馬看花，但CP值不可謂不高。

傳統旅遊有四句打油詩：「吃得比豬差，跑得比馬快，起得比雞早，睡得比賊晚。」郵輪之旅的優點正好一一擊破。每天二十四小時隨時都有吃有喝，絕對不會「吃得比豬差」，甚至可說是「養豬之旅」。每天早上醒來已到下一站，不用飽受拉車之苦，怎會還有「跑得比馬快」的抱怨？每天住在同一艙房，行李箱不必每天收拾，就不用「起得比雞早」來整理。每天回到船上大約傍晚時分，到半夜就寢前，有太多的表演可以看，還有各式各樣的活動可以參加，就算還是「睡得比賊晚」，但夜生活多采多姿，甚至每天都捨不得睡覺，怎麼會無聊？

對應傳統旅遊的四句打油詩，我也發明了專屬郵輪生活的五言（不押韻）絕句：「美食吃到撐，表演看到爽，美景看到膩，設備用到爆。」因此，郵輪之旅眞的不算貴。

原本只想「暫時逃離」，沒想到十五天下來，居然是「徹底解脫」。當船上網路貴到爆，電視完全沒有中文節目時，你會發現自己成了現代魯賓遜，差別只是一個穿衣、一個沒穿衣，一個在郵輪、一個在孤島。這是環境上的徹底解脫。此外，你可以利用全天航行日盡情放空和發呆，讓你還有心靈上的徹底解脫。我第一次發現，旅遊不觀光，原來是這麼愜意自在的事。

不過，跟團還是有缺點，那就是欠缺自主性，所有都得照著旅行社安排的行程走，沒得商量，最慘的是還要彼此配合，當然就剝奪了很多可以自由參觀的時間。郵輪之旅最大的壓力是來自開船的時間，萬一趕不上，就得自己想辦法到下一站和郵輪會合，所以領隊常常要預留塞車的時間，結果只好放棄某些景點，每天回船上似乎都早了點。

不過，郵輪享受才是主角，正餐，岸上觀光是配角、點心，就當是在看精華濃縮的電影預告片吧！哪部預告片、哪個國家打動了你？下次再專程來看來玩了。

一年後，我們又去搭了一次郵輪，這回的目的地是阿拉斯加。之所以搭第二次，是因爲很多人調侃我，搭一趟地中海郵輪居然就可以寫一本書，還可以到處演講。未來如果要成爲貨眞價實的「郵輪達人」，怎麼可以只有一次的經驗呢？

地中海之旅留下太美好的回憶，所以書名就叫《絕對不無聊，長程郵輪這樣搭就對了》，但如果第一次是去阿拉斯加的話，恐怕就不會寫書了，就算要寫，書名也要改成《絕對很無聊，長程郵輪不該這樣搭》。

兩者的最大差別來自所住的艙房。地中海住的是附陽台的房間，白天室內滿是陽光，放眼望去則是一片湛藍的海景，眞是浪漫破表。這次爲了省下一個人三萬元的旅費，當然也有心存比較的念頭，所以改住最便宜的內艙房，也就是四面都是牆壁，連一扇窗都沒有，更遑論可以到室外的陽台了。室內看來就是「家徒四壁」，待在室內的心情則是「四面楚歌」。因爲空氣不流通，所以非常好睡，甚至睡到昏天黑地都不知道，平白浪費很多可以參加船上活動的時間。有一回，我們從下午一點睡到被電話吵醒，因爲已經到了七點的用餐時間了。

其次，噸數也有很大的區別。雖然都是同一家郵輪公司，但地中海那艘超過十四萬噸，阿拉斯加這艘只有將近十一萬噸。不要小看少三萬多噸，整個空間幾乎就只剩下前者的三分之一。地中海那次，自助餐菜色多到會迷路，阿拉斯加則是一眼就看完。大廳更小，完全沒有富麗堂皇、雄偉高大的氣派。主廚能力也有差，地中海非常美味，阿拉斯加每一道都偏鹹。

這兩次，我都是參加國內的旅行團，但事後檢討，地中海應該參團，而阿拉斯加則不必。地中海周邊的歐洲國家都有豐富的歷史人文內涵，而且幾乎每天都上岸觀光，所以參加台灣旅行團至少都有中文導覽，還安排接駁車從港口到景點，如果不參團，就得參加船上的一日遊行程，不只要聽英文導覽，所費也不貲。阿拉斯加則幾乎都是海上行程，只有三個上午上岸，中午又回到船上用餐，而上岸活動都要另外付費，且港口就是景點，無須接駁車接送，所以直接在郵輪公司的網站報名就可以了，即使自己得搭飛機去上船，還是便宜得多。

很多人都擔心搭郵輪會暈船，這眞的需要預做準備。地中海那次風平浪靜，所以未受暈船之苦。去阿拉斯加就太大意，未備暈船藥，結果航程的最後一天，風浪極大，眞的晃了一整天。

即使船上生活不盡如人意，但阿拉斯加冰河群的壯麗景象，依然讓人難忘。不過，當時已是九月中旬，且爲當年倒數第二趟的郵輪航班，氣候寒冷不在話下。因爲沒有陽台，只好到甲板欣賞冰河，寒風刺骨，全身包到只剩雙眼露出，也很令人難忘。

這回依然秉持《一路玩到掛》的立場，參加了一次搭直升機上冰河的活動。老婆一來懼高，二來懼貴，所以只有我一人獨享這難得的經驗。搭直升機是初體驗，上冰河不只是初體驗，恐怕未來也不會再有機會。從高空俯瞰雄偉的冰河奇景，然後漫步在百萬年的冰河地形上，整個心情恍若夢境般的魔幻。

還會搭第三次郵輪嗎？我想，答案是肯定的。

在這兩趟五星級的郵輪之旅的中間，我和老婆也參加了一趟「五星級」（有省錢）的江南六日遊，一人只要新台幣七張千元鈔就可以了，夠誇張吧？我也知道這擺明就是「購物團」，之所以去參加，純粹就是想體驗一下。烏鎮的小橋流水、蘇州的亭台樓閣、杭州的西湖美景，縱然迷人，但旅遊氛圍被幾近強迫推銷的購物行程完全破壞。一次就夠了，下不爲例。

自由行，更該去屬於自己的祕境

二〇一五年，一對在北海道認識，後來成爲好友的夫婦，邀我們一起去東京玩八天，這是我畢生第一次的自由行。我們住在池袋，每天晚上討論隔天要去哪裡玩，然後再搭便捷的地鐵到處趴趴走。我只想去兩個旅遊書上幾乎很少提到的地方，其他都沒意見。一個是東京東北方的郊區柴又，一個是池袋的一家麵店「新珍味」。

去柴又，看什麼呢？看我最愛的日本片《男人眞命苦》的拍攝地點，以及該片主人翁寅次郎的紀念館。《海角七號》掀起的恆春觀光盛況早就退潮，但柴又對日本人的共同回憶卻仍在持續。

《男人眞命苦》是日本特有的庶民電影類型的經典，也是影史上第二長的系列電影。從一九六九年推出第一集之後，一直拍到一九九五年的第四十八集，因為男主角渥美清去世而結束。電影主人翁寅次郎是個非常粗俗但心地善良的流浪攤販。每一集的故事都圍繞在他的妹妹一家、叔叔嬸嬸、街坊鄰居，以及他暗戀的女生身上。幕前幕後幾乎都是同一班底，只有每一集的女主角不一樣。女明星當年如果沒演過這一系列，就不夠格稱A咖。這個系列因為非常賣座，後來固定一年拍兩集，春假播一部，秋祭播一部，成爲非常重要的日本儀式和文化現象。

寅次郎的家鄉就在東京葛飾區的柴又。搭地鐵轉火車，足足折騰超過一個鐘頭。一出柴又站就看到寅次郎的銅像矗立站前，趕忙拍照留念。電影中，寅次郎的妹妹和叔叔一起經營的丸子店就開在通往題經寺的帝釋天參道上。這條街道在片中不知看了幾百回，竟能踏在腳下，猶如美夢成眞。我們還特地去片中丸子店的拍攝地點「高木屋」吃丸子，店內掛滿眞正老闆娘與電影演職員的合照。吃畢丸子，又去參觀「寅次郎紀念館」，這才心滿意足回到東京市中心。

離我們旅館大概走十分鐘，就會來到台獨大老史明當年籌措革命經費的中華料理店「新珍味」，所以也不必特別安排行程，就當作是吃一頓晚飯。

史明，原名施朝暉。一九五一年，他計畫刺殺蔣介石，但事跡敗露，逃至日本。上岸後雖被逮捕，但因爲是政治犯，所以才能留在東京。爲了生存，便在西池袋擺攤賣中國麵食。生意興隆後，買了店面，取名「新珍味」。樓高五層，一、二樓營業用，三樓做員工宿舍，四樓自住，並在那裡完成他的曠世巨作《台灣人四百年史》，五樓則拿來研發炸彈，供未來武裝革命之用。史明回台後，「新珍味」仍繼續營業。

去「新珍味」當晚，風雨交加，在這種氛圍中去朝聖，眞有「風蕭蕭兮易水寒，壯士一去兮不復還」的悲壯情懷，但一進門，卻只是一間尋常麵食館罷了。拿起菜單，乖乖，還眞不便宜，水餃、鍋貼都賣六個四百八十日圓。不只價錢貴，口味也只能算是差強人意。

奇怪，就憑這種口味和價錢，居然能讓史明賺大錢？希望是因爲他沒有親自下廚，也不再親自經營，才成了今日這種光景的。我們四個人吃了三千多日圓，就當是爲革命捐點錢，聊表心意了。這裡是革命聖地，不是美食天堂。革命黨哪有閒情逸致享受人生啊？

國內知名旅遊雜誌《食尙玩家》見我去的景點特殊，還邀我把此次東京之行寫成五篇專欄，感覺自己離「旅遊達人」又更近了一步呢！

一趟既健身又做公益的「扭」西蘭之旅

每次旅行，其實我都想有一些不一樣的體驗。最近的一次，就是二〇一六年四月去紐西蘭健行。

這個團的團員幾乎都是荒野協會的會員，所以旅行社才特別爲這群喜愛山林的夥伴，在行程規畫上，增加了少有的步道健行。我雖不是會員，但我認識的兩對夫婦都是，所以才有機會與他們同行。結果其中一對臨時有事退出，雖有些許失望，但對紐西蘭的美景和健行的行程仍心嚮往之。

紐西蘭的美眞是百聞不如一見，甚至可能是我迄今去過最美麗的國家。請注意，我沒有用「之一」兩個字喔。它的美，是隨處皆美，亂拍都美。入秋路旁整排金黃色的高大白楊樹，不論是筆直迤邐，或是轉角乍見，都不斷給人驚豔的感動。搭船遊湖的湖水太過清澈，因此湖光倒影就分外清晰，每座湖都成了大魔鏡。遊湖已很夢幻，而在湖邊住上一晚，推窗即見湖景，開門即到湖邊，更是浪漫無極限。一望無際的草原上，成百上千的羊群、牛群和鹿群，綿延不絕，一幅「天蒼蒼，野茫茫，風吹草低見牛羊」的悠閒模樣。遠山總在雲霧繚繞中，若隱若現靄靄白雪覆蓋在山頭上，有時起早趕路，還可看到朝陽爲山頭添上耀眼金裝。在奶白色的冰河湖上，不只可以看到巨大的浮冰，還能近身撫摸，船漸靠近時，居然有鐵達尼號即將撞上冰山的臨場感。

這次的重頭戲是三條健行步道：米佛峽灣、開普勒步道和庫克山。前兩條在林間漫步，水聲與樹影交錯，還有豐富的植物生態，更讓荒野協會的成員驚呼連連。庫克山的健行則是在河谷中前行，眼睛所見盡是飄飄渺渺的雲影，和層層疊疊的山影。

出發前，我還去內湖步道做自主行前訓練，沒想到多此一舉，因爲紐西蘭的步道都非常平緩，少見上下起伏，也就失了警覺。在開普勒步道終點前約十分鐘腳程的地方，我一不小心扭到了左腳踝。一陣劇痛，如天旋地轉，心想：「完了，才第五天耶！」。

好在同團有三個醫生，居然都在身旁，立刻做緊急處理，還給了止痛藥，領隊也拿出護踝幫我固定住，並在團員的攙扶下，勉強走完最後一程。上了遊覽車，司機也立刻開回旅館，爲我拿來一大袋冰塊冰敷，讓我迅速穩住傷勢。更好在的是，接下來三天都是傳統觀光行程，可以好好休息，再來迎接第九天的庫克山步道的挑戰。

爲免耽誤大家的行程，我主動說我只走到第二座吊橋，差不多是一半的地方，我就折返，然後一個人自行回到出發時的步道口。單獨健行，其實有更多的時間可以飽覽大自然的奇景，且由於當時沒有趕路的壓力，所以也更有心情享受大自然的風情。去時庫克山隱在雲霧中，回程才完全現出它雄偉傲岸的山形，一個人坐在觀景台的椅子上，邊吃野餐，邊賞奇景，好不愜意。

這群團員大部分也同時是荒野協會的次團體「蝸行」的成員，他們在國內辦的每一次健行活動，都會捐一些錢給當地的環保團體。這是他們第一次把健行活動拉到國外舉行，但也希望能同樣維持原有的捐獻傳統，因爲他們認爲環保是全體人類共同的責任。最後，我們總共捐了六百紐幣給當地的一個環保基金會 Fiordland Conservation Trust。旅行兼公益，算是我的初體驗了。

別忘了台灣就是別人眼中的福爾摩沙啊

國外旅行對一般人而言，應該都會是當年最重要的幾件大事之一，但國內旅行就常常在記憶的角落被遺忘了，因爲「說走就走」，不必花太多的時間和精力去安排，也就無法成爲記憶中的亮點。

我努力回想，在離開職場之後，一直到二〇一一年之前，我們家幾乎沒有國內旅行的經驗，就算有，頂多也是在台北近郊走走而已。究其原因，不外乎子女都進入升學階段，以及老婆的餐廳在週休二日是最忙的。

前面曾提過，我在二〇一〇年北海道之旅中，和四對夫婦及一對情侶結爲好友，後來大家規定，每三個月由其中一家主辦郊遊及聚餐，這才開啓我這幾年的國內旅行。一開始，只是一日遊，但後來大家越辦規模越大，沒有兩天一夜就不過癮，讓我見識到國內各地各式各樣的民宿及美食。其他人都是食尚玩咖，只有我最遜，每次輪到我主辦，壓力都很大，因爲我還眞不知道台灣有哪裡好玩。不過，我們都很務實，絕對不去住那種貴到爆的民宿，只要空氣好、風景佳，能讓我們開心聊天就好。這樣玩了好幾年，連我們的子女也都彼此成爲好朋友。

後來，大家嫌民宿越來越貴，CP值太低，就開始瘋起了露營。這時，我才知道台灣有這麼多露營地，也有這麼多露營愛好者。熱門的露營地如果沒有至少半年前預定，還去不了呢！爲了露營，開始大舉採購裝備，老婆說她不要彎腰進帳篷，所以乾脆買個八人帳，讓她可以直直走進去。不只裝備多，還要帶棉被枕頭、煮菜器具，所以又買了輛休旅車。有一回，全家五口去露營，車後塞得滿滿滿，我從後照鏡完全看不到後方來車。

學生時期的露營都在溪邊，而且非常克難，現在卻是五星級的高檔享受。露營地必然會提供充足的水電，衛浴設備也一應俱全，甚至帳篷還可以搭在上有屋頂，下有棧板的地方，颳風下雨都不怕，收帳篷時也乾淨清爽。露營時，我們也沒到處走走，就是一直煮東西吃吃喝喝，然後天南地北閒聊，過一段山居悠閒的時光。我還看過有人帶螢幕來放DVD，讓全家一起看場露天電影呢。

這幾年我和老婆的國內旅行，也不完全只是跟他們去玩。因爲出版了幾本書，出版社就會安排全省的新書發表會來做行銷推廣，中南部和花東地區如果當天來回，一來太累，二來出版社也不負擔火車票錢，所以乾脆每次都利用這種機會，和老婆來一趟三天兩夜的小旅行。花東地區成了這幾年我們兩人的最愛，因爲我有個同學住花蓮，每次都把車借我到處玩，還有個同學在豐濱開了一間濱海的美麗民宿，每次都給我最優惠的價格，此外，台東是我老婆的故鄉，也可以陪她回去看看親友，找回許多她兒時的回憶。

我老婆在二〇一五年從餐廳退休後，參加了我們家附近兩個里的韻律舞蹈班，認識很多同學，所以也常結伴出遊，國內旅行的次數比我多很多。我幾乎都沒跟她去，因爲都是大嬸和閨密，我這個大叔就別攪和了。

現在國內旅行資訊取得容易，每輛車都有衛星導航系統，很方便帶我們到處趴趴走。國外旅行雖然讓我們嚮往，但台灣這個寶島，我們又有多少地方還沒去過呢？想走就走，別辜負了「福爾摩沙」之名。

退休旅行的教戰守則

分享完這幾年的國內外旅行經驗，當然也該提供一些建議，給退休族群做個參考。

首先，若要出國旅行，一定要由遠而近。人的年紀越大，體力越差，這是不爭的事實。你不要以爲旅行都在坐車，要深入一點的話，不用雙腳是走不到的。例如歐洲很多國家爲了保護古蹟，遊覽車必須停得很遠，然後徒步走進去，我們那次地中海郵輪之旅就是如此，雖無拉車之苦，但仍然要充沛的體力和勇健的腳力。說到腳力，就不得不提那趟紐西蘭健行之旅，我扭傷腳踝，不能純粹視爲意外，這跟我平常缺乏運動，一定還是有所關聯。去歐洲、紐西蘭，就算不走路，搭十幾個鐘頭的飛機，還是需要體力的。未來幾年，趁我還沒六十歲，我計畫先跑歐洲、非洲和南美洲，六十歲之後，再到日本深度旅行。日本，應該是大部分國人的最愛，但眞的不必太早去，一來距離不遠，二來文字也相近，交通更是便捷，所以年紀再大，應該都沒問題。

其次，退休之後，節儉絕對不再是美德。子女還在就學，家庭負擔當然較重，所以參加旅行團都以價格爲優先考量。現在，子女都大學畢業，也都在就業，所以出國旅行眞的要善待自己一些。我甚至常常在演講，或是在我其他的書中，宣揚「退休之後的消費都是打九折」的觀念。舉例來說，上次我們夫婦去搭地中海郵輪，兩人原價超過五十萬元，如果你不搭，這筆錢變成遺產後，依台灣現行遺產稅率百分之十來課稅，換句話說，要繳給國家五萬元，因此這五萬元不管你有沒有去搭郵輪，其實早就不是你的了，那何不把它花掉呢？這就是爲什麼我說是「打九折」的原因了。未來遺產稅率極可能調高到百分之二十，那就是打八折，只要値得花，那就更該花了。「把它花光」是遺產稅規畫最簡單的方法。我認爲，不該留遺產給子女，不然就是留遺憾給自己。

第三，無論是國外自助旅行，或是國內旅行，最不該浪費時間排隊吃人氣美食。我認爲旅行該把時間花在欣賞風景、體驗當地生活風情，才有眞正的價值。你花了兩三個小時排隊，它的美味程度有多出一般店的好幾倍嗎？我看頂多好吃個百分之二、三十，所以排隊吃美食是最划不來的事。上次去東京築地吃人氣美食，用掉一整個上午，卻也只是略好而已。其實日本人做事都很一板一眼，隨便在百貨公司美食街吃，根本不輸書上介紹的那些美食名店。跟團旅行雖不會浪費時間在吃飯上，但我建議少參加那些只安排中國料理的旅行團。以最近那次紐西蘭之旅爲例，我們都吃當地料理，結果幾乎沒有失望過。到了紐西蘭當然要吃牛排、羊排，爲何還要吃蔥爆牛肉？

第四，避開假日、旺季去熱門景點。退休之後，最大的本錢就是「時間多」，所以國內旅行儘量找週一到週五去，不塞車也不塞人，國外旅行則避開寒暑假和春節，以及現在動不動就彈性休假的連續假期，住宿、機票的訂位都相對容易得多。能夠親眼目睹大家都耳熟能詳的各國各地重要景點，當然不枉此生，但我現在更愛書上較少介紹的私房景點，如前面提到的東京郊區柴又，以及離威尼斯不遠的帕多瓦，因為遊客稀少，我們才能有更多的閒情逸致去體會當地風情。

最後，回國後一定要整理照片。現在因為都是用手機或數位相機拍照，愛拍多少就拍多少，喀擦喀擦毫不遲疑，結果每次都拍得太多。這時，一定要「斷捨離」，留下好的，殺掉拍壞的。我甚至有個做法，買同款的相簿，然後每次旅行就精選一百張洗出來存放。這當然是老古板的做法，但無論如何，好好整理照片，才能留下最美好的回憶。

旅行，應該是許多退休族最常做的事，但又不可能每天都旅行，那麼要如何過一個充實的生活呢？我借用和我一起寫《三大叔樂活退休術》的好朋友老黑（田臨斌）的說法，你要有一個職志，才能讓生活過得充實。

「職志」是指一件你會做、你喜歡做，而且做了也很有意義的事。很多人去當義工，奉獻自己的「時間」去幫助別人，當然很好，也符合職志的定義。不過，我比較喜歡做的是奉獻自己的「經驗」去幫助別人，我稱之為「分享」。

到了退休階段，不管是工作經驗，還是人生體驗，一定都比年輕人多很多。如果可以把這些經驗分享出來，不是可以幫助年輕人少走錯誤的路？甚至少走很多冤枉路嗎？

基於這個想法，我決定嘗試用寫書來分享我的經驗和觀念。雖幾經波折，但我在二〇一二年底，終於踏出了出書的第一步。

6 分享

就算沒寫過部落格，還是有機會出書

「施大哥，你有部落格嗎？你有臉書嗎？有幾個臉書朋友？」這是時報文化總編輯李采洪親口告訴我，他們願意出版我的第一本書時，所問的第一個問題。

我老實回答她：「我沒有部落格，臉書的朋友也不超過一百個。」她倒抽一口氣，臉上隱約見到三條線，然後說：「沒關係，行銷就靠我們自己了。」

雖然出版界不乏素人作家，但很多都是在自己經營的部落格，累計到非常多的粉絲數之後，才有出版社願意幫他們出書。像我這種素到不能再素，而且完全沒有知名度的作家，應該是非常少見的。

出書的想法要追溯到二〇一一年。當時，我專心操作元大台灣50已經邁入第四個年頭，心想這麼簡單安全的方法，如果能把它寫出來公諸於世，一定可以將眾多股民從苦海中拯救出來，而且這肯定會是一件大功德。當然，我也曾動搖過，萬一大家都學會了，我是不是以後就賺不到錢了？但是，心中「分享」的聲浪遠遠大過「藏私」，而且孟子不是說過「獨樂樂，不如眾樂樂」嗎？

我的如意算盤是先把「爲什麼要買元大台灣50」的理由寫出來，然後就開始去各出版社洽詢有無意願幫我出書？等到正式簽約之後，再繼續寫操作的實戰技巧，因爲這才是全書最精華的重點所在。

大約寫了一萬字之後，我就打電話給我的好朋友朱成志。他是國內股票雜誌的第一品牌《萬寶周刊》的社長，心想若能由該周刊來出版，當然是再適合不過了。他是行家，根本不用先看我的文稿，然後開門見山，直接說重點：「昇輝啊，我看你也不缺錢，如果眞有心出書，我一定幫這個忙，你就拿兩百本去送親朋好友，畢竟你沒出過書，我出這本書要擔很大的風險。」他是性情中人，不會拐彎抹角，我很感謝他當場就回覆，但我覺得我的 Know-how應該還是有價值的，希望仍能得到版稅收入，所以就當場就婉拒了。

第二家是有鹿文化。因爲當時大女兒暑假在那邊打工實習，所以就請她幫我約見總編輯兼總經理許悔之。他是聯合文學的前總編輯，所以一直都是以出版文學類的書籍爲主。他聽完我對元大台灣 50 的介紹，直說早一點認識我就好了，因爲以往買很多基金的經驗都是很慘痛的。不過，因爲從來沒出過理財的書，如果只有一本，很難給讀者留下印象，所以問我可以寫一系列嗎？當時我認爲自己的經驗頂多只能寫一本，沒把握能寫很多本而成一系列，所以最終也是沒有談成。

第三家是另一個知名的財經雜誌。他們本來想把我先寫好的部分印成一本別冊，然後用膠膜把它和當期雜誌封在一起。如果讀者看了，反應熱烈，就要求我把操作技巧完整寫出來，然後幫我出書，也願意支付版稅。如果反應不佳，就作罷，我也沒有太多損失。這眞是很有創意，可惜總編輯不相信這世界上會有這麼簡單的投資方法，所以最後並未付諸執行。

跑了三家，我決定放棄了。不過，二〇一二年有個機緣，讓它不致胎死腹中。

那是一個夏日的午後。有個高中死黨從美國回來，當然要找時間好好敘舊一下。彼此報告這幾年的近況後，我就把一年前的出書想法和他說了。他這幾年花很多時間在為教會傳福音，所以能深切感受到分享的喜悅。他當場就鼓勵我，一定要努力把這件事完成，它不只是夢想，還是一件非常有意義的事。

聽完他的一席話，我決定再試試，老婆甚至說，眞的找不到出版社，她願意出錢幫我圓夢。不過，我還是希望能賺點版稅。

正巧我有個表弟在工商時報位居高層，他願意幫我連絡時報文化出版公司。雖然時報文化不是專門出版投資理財書籍的出版社，但它卻是國內迄今唯一股票上市的文化事業，我若能在這個集團出書，當然是莫大的榮幸。

他幫我約見的就是總編輯李采洪。我這回只帶了一張全書的架構去，連寫好的一萬字文稿都沒帶。如果她有興趣，再Email給她也不遲。因爲她之前在工商時報和商業周刊都做過記者和主筆，所以對我簡報的內容並不陌生。從她專心聆聽的表情看起來，我的說法似乎蠻有說服力的。

她唯一比較擔心的是，我整本書預計只有四萬字，實在是太少了。我說，因爲方法非常簡單，眞的寫不了太多字。這次面談可能是最有建設性的一次，我也滿懷著希望能夠接到她同意的回電。

時報文化有一套很嚴謹的審議流程，不是總編輯說了算。後來據說是總編輯一人力戰所有反對的聲浪，一來我根本沒有知名度，二來大家都懷疑，這麼簡單的投資方法，它的可信度和可行性究竟有多少？

終於等到她的來電，說公司內部已經通過了。這肯定是我考上台大之後，第二件最興奮的事。當然，有很多需要調整的地方，特別是希望我能增加一些內容，最起碼也要六萬字，而且原來我的書名「一支股票，樂活一生」並不適合用在財經書籍上，會讓人誤以爲是旅遊類的書。

我是素人，又是新人，當然要接受他們的建議。書名經過多次的腦力激盪，最後才決定是《只買一支股，勝過18％》。尤其是第二句話，頗有畫龍點睛的效果，這還得感謝之前提到的那位表弟的創意。

就在二〇一二年最後幾天，這本書終於出版了。摸著剛從印刷廠出來，好像還熱騰騰的封面，我眞是非常激動。這是我經歷多年人生低潮後，最有成就感的一刻。我居然也是一位作家了。

我對這本書的銷售，一開始其實是沒有太大的信心，只希望至少要達到損益兩平點，別讓時報文化賠錢，也別對不起李總編輯的知遇之恩。一月初，銷售只是平平，但已經有點超乎我的預期。直到一月底，《今周刊》採訪我的文章登出時，用了「中年失業男」來稱呼我，雖然對我個人有點難堪，但明顯刺激了銷售量。沒隔幾天，奇摩網站在首頁引用了這篇文章，雖然不乏酸民的惡言攻擊，但也引爆了這本書的知名度。四月中，博客來網路書店把這本書做爲當天「六六折」的促銷書，居然一天賣了超過一千兩百本。這本書在二〇一三年榮登博客來商業理財類年度第十三名，總榜第六十八名。截至二〇一五年底，銷售將近三萬三千本。

原本只是想分享給大眾，沒想到個人也分到了很多錢，完全始料未及。

讀者是誰？為何要買？特色在哪裡？

我相信，很多人都有寫書的念頭，特別是退休後，因爲時間充裕，能夠專心寫作。但是，「寫書」和「出書」是不一樣的，前者只是你一個人的事，或許在網路上成立一個部落格，愛怎麼寫就怎麼寫，悉聽尊便，甚至只是寫出來給自己看都好，但是後者就不只是一個人的事了。

如果希望透過出版社發行，就要考慮它的市場性，否則出版業已經越來越辛苦了，絕不可能會不計成本來幫你圓夢。當然，只要你同意負擔所有編輯、印刷的成本，現在也有出版社願意爲你發行，因爲畢竟他們已經沒有風險了。

我在旅行中曾認識一個團員，很訝異我能找到出版社幫我出書，因爲他都是自費出版，然後透過各種演講場合去銷售他的書。雖然每一本一定賺的比我多，但這樣賣書眞的太辛苦了，因爲沒有透過通路來賣，總銷售量一定不大。

不過，我想提醒大家，眞的不能預期出書能夠幫你賺多少錢，甚至連靠它生活都很困難。我出了幾本書之後，很多朋友就很羨慕我一定賺了很多版稅，但我都笑笑地回答他們：「別傻了，我還是要靠股票才能賺到夠用的生活費啊！」出書，一開始眞的只能當「圓夢」而已。澆了大家很多冷水之後，還是要有一些建設性的建議給各位。

一般書籍，可以概略分成「文學」和「非文學」兩大類。除非你已是文學界小有知名度的咖，否則別以爲自己文筆好，就想出文學類的書。第一本書最好還是從非文學類的實用書開始。我的第一本書《只買一支股，勝過18%》就是非常典型的實用書，而且是多數人都很想看的投資理財類。在前面提到我到處洽談出版社的過程中，沒有人懷疑我寫不出來，因爲我有十五年以上的證券商工作經驗。我寫的內容是股票「交易」的部分，其實跟我在券商所負責的股票「發行」業務是不同的，但出版社的人不會分得那麼清楚，都相信我有能力寫出這方面的內容。因此，第一本書一定要和你的工作經驗有關，否則出版社不可能有信心。

其次，一定要先幫出版社想好，一、這本書的讀者是誰？二、他們爲什麼會有興趣買這本書？三、如果已有類似的書，這本書的特色又是什麼？這是你向出版社承辦人員簡報時，一定要說明清楚的重點。回到我自己的例子，這本書的讀者就是廣大的股票投資人；只要在投資上心情非常焦慮的人，就有興趣買這本書；雖然市面上已經有太多這種書，但我相信我書上介紹的方法一定是最簡單，也最容易複製的。這幾家談過的出版社都同意我的前兩點，但只有時報文化總編輯相信我的第三點，所以最後就是由他們出版了。

不過，如果你不想這麼辛苦到處去找出版社，我建議你還是先從臉書這種社群媒體寫起。只要你的粉絲夠多，就會輪到出版社直接來找你。在臉書上寫不必花一毛錢，用電腦WORD寫作也沒有成本，唯一要花費的只有時間，而退休後最大的優勢，就是時間多，不是嗎？所以，just do it！

精華盡出，第一本才可能暢銷，也才可能有第二本

如果你的第一本書不暢銷，或連出版社的損益兩平點都達不到，大概就不容易找到有人願意幫你出第二本書了。所以，你一定要毫無保留的，把所有精華通通寫出來，因為或許你已經沒有第二次的機會了。毫無保留，精華盡出，才可能讓你的第一本書有暢銷的機會。

然而，一旦暢銷之後，出版社一定希望你趁勝追擊，趕快出第二本書，但你早就把該寫、能寫的，通通寫完了，所以根本寫不出新東西了。我的第二本書就面臨了這個問題，因為時報文化還要我繼續寫投資理財類的書。我的投資方法和投資標的這麼簡單，哪還有可以發揮的地方呢？

結果，我提議我想寫有關電影的書，因為看電影是我畢生最大的興趣，而且我在大學畢業前後，曾在很多報章雜誌寫過影評，也算是小有名氣的

咖。但是，時報文化立刻婉拒了，因為一來電影類的書並非熱門類別，雖然愛看電影的人很多，但電影書卻常常曲高和寡，難有共鳴，二來我的知名度已經是三十年前的事了，現代讀者誰還認識我啊？

出第二本投資理財類的書就這樣擱置了。不過，電影的書卻先有著落，因為有鹿文化的許悔之總編輯很有興趣，應該也是希望靠我第一本書的暢銷和建立的知名度，來帶動這本冷門類書籍的銷售氣勢。因此，我完成的第二本書其實是《一張全票，靠走道》，但出版的順序卻是第三本。這是後話，下一章將再詳述。

在我寫完電影書之後，有一天，我像往常一樣，在晚間涼快的時候去附近的國小走操場。走著走著，突然有了第二本投資理財書的靈感。第一本書大部分在講「操作技巧」，而「理財觀念」相對比較少，所以何不用六十篇的短文來做完整論述？預計一篇一千到一千五百字，總共就會有八九萬字。隔天，立刻去電李采洪，她說只要我想好六十篇的篇名，就可以簽約開工了。後來完成的文稿，幾乎有八成就是當初要寫的內容，另兩成有些被刪，有些被併，有些則是新增的。

從這本書開始，我都用短文的方式來寫，一來容易閱讀，二來在寫作時會很有紀律，因爲我每天下午四點到六點寫一篇，晚上十點到十二點再寫一篇，即使有時有事不能按此進度來寫，但大概兩個月一定可以完成一本書。我想告訴有心寫作的朋友，紀律是非常重要的事，就像我買賣元大台灣50也是完全依紀律在執行。

出版社和我對這本書的銷售，都充滿了高度的期待，甚至在二〇一四年國際書展的時報文化攤位上，還懸掛了一幅巨大的海報。第一次看到自己的照片高高掛在牆上，心裡確實暈陶陶的。同時，金石堂城中店也有我的巨幅看板，非常醒目。不過，雖然前三個月還是高踞暢銷書排行榜之上，但後勁眞的沒有第一本書強。

究其原因，應該有兩點。一是講觀念的書終究比不上講技巧的書那麼受歡迎。讀者都要速成的方法，沒耐心看那些老生常談的觀念。二是書名《理財不必學，就能輕鬆賺》可能有點邏輯不通，既然不必學，那又何必看這本書呢？我的原意其實是理財應該是很簡單的，不該被很多理財專家用很複雜的術語和方法綁架，但書名顯然沒有完整表達這個理念。這要怪我，因爲這是我堅持的書名。後來，我的書通通都用出版社取的書名了，不敢再有什麼意見。

有一本書暢銷後，才能寫自己最想寫的書

有鹿文化雖然就是我大女兒上班的地方，但《一張全票，靠走道》絕對不是因爲她的推薦才讓這家出版社願意出版這本書，因爲我可不想做「靠女族」。這是因爲我跟總編輯聊過好幾次電影，他覺得我不只有很獨到的品味和看法，講的時候也是生動活潑，非常有趣，這是他認爲最難得的地方。比如說，華語電影有一個特別的經典元素，就是強調三個男人的情誼，《投名狀》、《英雄本色》、《春光乍洩》、《海闊天空》都是，或許是承襲了《三國演義》劉關張的傳統。

我眞的是一個超級影痴，本書文案提到我看過四三五三部電影，我想全台灣要看的比我還多的，應該不會超過一百人。到了二〇一六年四月，我看過的電影就已經超過四千六百部了。因此，我從年輕開始寫影評時，就一直夢想能寫一本關於電影的書。後來，進入職場工作，子女又陸續出生，眞的是忙到完全沒有時間再寫影評了。退而求其次，如果能翻譯一本電影書，也算可以了了我的心願。不過，這個機會從來沒有來臨過。我想，如果不是因爲第一本書很暢銷，或許終我一生，也只能徒留遺憾了。

感謝許悔之終於讓我如願。我寫完第一篇文章，就立刻拿給他看，他看完後，也立刻毫不客氣地就退稿了。他是知名的詩人，文學造詣當然很高，或許他認爲我的文學性不及格吧？畢竟理財書只要通順就好，電影書當然要有比較細膩的文字。結果我不是因爲這個理由被退稿，而是我寫的太嚴肅了，太像坊間一般的影評書。這樣子，完全沒有特色，也不可能吸引讀者去買。

聽了他的建議，我決定把寫作的方向做一百八十度的大轉彎。我寫影評的能力早就留在三十年前，現在只剩下看電影的回憶了。因此，我該寫的是「看電影」這件事，而不是「電影」本身。我希望用看電影來書寫我五十四歲以前的人生，例如小時候和父母看電影、長大後第一次和女生看電影、在電影院發生哪些有趣的事、大學時代拍的實驗電影（現在叫「微電影」），諸如此類的事。我把第一篇按此方向重寫，終於得到許悔之的認可。文學性不一定重要，但趣味性絕不可少。

過了總編輯這一關，卻過不了執行編輯大女兒的法眼。二〇一四年一月，她把我整本書稿印出來帶回家看。看沒幾頁，她掩卷長嘆，而且非常迷惑，說我看了四千多部電影，到底有哪些感動的地方？又從中得到了哪些啓發？爲什麼我都沒寫出來？她是典型的文藝美少女，有鹿又多的是像蔣勳、韓良露這種文學大師的優美散文，怎會受得了我這種中年大叔碎碎唸式的文風？我當場也很沮喪，只好把我的想法跟她好好溝通。或許講得太久，又越來越大聲，害小女兒以爲我們在吵架而傷心，後來兒子也不甘寂寞，請我去他的房間聽聽他的想法。大女兒念文學，兒子念音樂，所以兩個人是同一國的，都認爲藝術作品就是要把內心世界挖出來，要寫出讓人感動的力量。不過，最後她總是得妥協，因爲我根本不可能依照她的高度期望來重寫。

編輯和作者是一家人，其實不是好事。因爲在爲理念爭執的時候，親情就會進來攪局，而更多時候是上下班的界線也模糊了，因爲她常提醒我：「我下班了。」但哪有編輯可以到作者家中翻箱倒櫃找照片來用？這或許成了她的特權。

電影是我的最愛，所以這本書也是我的最愛。（希望其他合作過的總編輯不要吃醋喔。）能和大女兒共同完成這件事，更是我非常美好的回憶。

三個臭皮匠，不一定勝過一個諸葛亮

因爲一位好友的介紹，以退休族群爲目標讀者群的《熟年誌》月刊找上了我。他們認爲我那套投資方法應該很適合退休族群，所以邀請我在雜誌上寫專欄。

在寫作過程中，我發現退休之後最重要的事情其實只有三件：生活、金錢和健康。如果有一本書可以涵蓋這三件事，把它簡單寫成近來最夯的「懶人包」，應該就能造福退休族群。但是，我只會寫「金錢」的部分，其他兩部分就非我能力所及，心想那就去找另外兩個專家來共同完成吧！

第一個想到的是最會寫「退休生活」的「老黑」田臨斌，他就是介紹我去寫《熟年誌》專欄的那個好友。在電話中和他提這個構想，他二話不說就答應了。剩下「健康」了，找誰呢？我毫無這方面的人脈。

老黑當時剛由群星文化幫他出版了第三本書，我想這本書就還是給這家出版社吧！他們也是立馬答應，這可是我第一次一個字都沒寫，就有人願意簽約了。我和他們表明，希望他們去物色可以寫「退休保健」的作者。

接下來一兩個禮拜都沒有進度。這時，我突然想到我母親的家庭醫師王健宇，他經常上電視的健康類談話節目，算是名嘴之一，而且也寫過親子教養的書，所以也是知名作家之一，他就是最佳人選啊！眞應了那句中國名言：「踏破鐵鞋無覓處，得來全不費工夫。」

王醫師是怪咖，他不用手機，所以只好親自跑一趟診所邀請他來助拳。他和老黑、出版社一樣，也是一口就爽快答應了。三人合體，應該無堅不摧了。我們一共吃了兩次飯，其中一次還是在我老婆工作的餐廳。不聊則已，一聊就是相見恨晚。我們肯定會是最佳拍檔，可惜「天作之合」用在這裡不倫不類，否則它其實是更傳神的形容詞。

我們都是崇尚簡單生活的人，物慾極低，一個愛旅行，一個愛看電影，一個愛無敵鐵金剛。老黑當時是唯一有智慧手機的人，但也不是蘋果，而是華碩。我雖有手機，但是不能上網，我戲稱是「智障機」的諾基亞（二〇一六年三月，我終於換成了智慧手機）。王醫師連手機都沒有，而且還沒Email和臉書。誰說沒有這些即時連絡軟硬體，就不能生活了？

我們三個都能言善道，所以後來一起參加新書發表會，眞是默契十足，常常把主持人，也就是總編輯陳蕙慧晾在一旁，然後自己做球給彼此接話。因爲是三個人，所以不必整場講，壓力更小。有一次講完下午場，用晚餐時，居然喝酒喝嗨了，想說只要有一個人清醒，待會兒的晚場就給他從頭講到尾就好了。最後，雖然都有些微醺，但照常可以把氣氛炒熱。這是自己一個人寫書不會有的特別經驗。

原本以為這本《三大叔樂活退休術》，不只趕上李宗盛所帶起的大叔風潮，也期望能號召三個人不同的忠實讀者都能來買，至少一加一加一等於三就夠了，但後來卻事與願違，銷售成績只能說是差強人意。有一家出版社的總編輯告訴我，原因在於讀者不喜歡只買三分之一本書。

勇敢挑戰不熟悉的寫作領域

上一本書因為只要寫三分之一，約略三萬字，所以一直拖到二〇一四年七月去地中海搭郵輪回來後，才開始動筆。上船之前，我就有強烈的意圖，希望把這趟一般人少有的郵輪體驗寫成一本書來出版。回國之後，趁記憶猶新，甚至是和《三大叔樂活退休術》那本一起同步在寫。

這本聚焦在郵輪之旅的書，是我被出版社拒絕最多次的一本書。老黑在群星文化出的書，就是他搭郵輪環遊世界的遊記，我當然不好意思也找同一家。問了幫我出第一本和第二本的時報文化，也問了幫我出第三本的有鹿文化，他們都婉拒了，我只好開始去找專業的旅遊書出版社。

我大概寫了一萬字，就開始去洽詢有無出版社有意願。每一個聽到我要寫旅遊書的總編輯，連寫好的文稿都沒看，居然都有同樣的建議，那就是要我把重點改成「如何籌到旅費才能去搭五星級的郵輪」，原來還是希望我從投資理財的角度來寫，旅遊反倒成了附屬品。我每次都笑笑回答他們：「這件事，三句話就能講完，第一、刷信用卡，第二、等帳單寄來，第三、把錢軋進去。」

老實說，這本書是我要追求的一種自我挑戰，因爲我從來沒有寫過旅遊的文章，而且也不是重度旅遊愛好者，更談不上是旅遊達人，被拒絕根本就是意料中事。甚至有個總編輯還跟我開玩笑說：「施大哥，你如果是林志玲，我立刻簽約付訂金。」說話雖毒，但不失中肯。

城邦集團旗下的貓頭鷹也是其中一家一度拒絕我的出版社。就在我決定放棄這個寫作計畫的一個月後，貓頭鷹的總編輯謝宜英打電話給我：「學長，我決定出你這本書了。」這是雨過天晴的晴天霹靂，我完全不敢相信自己的耳朵。

她接著說：「這是一本很另類的旅遊書，既不是工具書，而且居然是在寫跟團旅行，但大家應該會對郵輪生活感到好奇，所以我決定賭一把了。不過，還是要拜託學長，至少寫五千字的理財吧！」她最後決定要出這本書，不知是因爲「另類」？還是因爲「學長」？或者是因爲「郵輪」？還是「理財」？不過，我眞的要感謝這位低我一屆的台大中文系學妹，讓我終於完成了自我的挑戰。

她可能是我至今碰過要求最嚴格的總編輯。首先，她要我把全書的重點放在郵輪生活上，這是比較少人寫的部分，而不要放在這段期間上岸的行程上，這些景點太多人寫過了，我應該要藏拙一些，因此後來書名就定調爲《絕對不無聊，長程郵輪這樣搭就對了》。其次，這趟旅程分明就是必須有些財力的人才搭得起，我卻寫了兩篇有些「仇富」心態的批判文章，她給我兩條路走，一是重寫，二是直接刪掉，我後來選了後者。最後，她非常不喜歡我在男女關係上的戲謔態度，最嚴重的地方是「威尼斯面具節」的由來，明明是爲了消弭當時階級分明的崇高美意，卻被我寫成遮掩不倫戀的把戲，極爲不應該。後來上網查了它的典故，才知道我眞的被導遊唬弄了，趕緊將這篇文章整個重寫。

編輯過程中，她不只一次笑我：「施大哥，你拍的照片怎麼都歪歪的？」這句話點出了我眞的不是旅遊達人，但我還是藉這本書證明了自己能寫各種不同的題材。不過，太超過我能力範圍的書，就下不爲例了。

作者現在一定要更賣力行銷，才能提振買氣

挑戰完自己之後，我決定要再寫一本能賣錢的理財書。寫什麼呢？在二○一五年夏天，我心中還是完全沒有任何想法。

某個週六下午，去參加天下雜誌爲好友林婉美辦的《伊朗》新書發表會

時，認識了該書的總編輯莊舒淇。她知道我寫過一本很暢銷的理財書，但對於這些所謂的理財專家究竟有多少能耐，還是抱持非常懷疑的態度。她開門見山就問我：「你有幾間房子？」第一次碰到這麼單刀直入的人，但我只是淡淡地回她：「三間。」她也答得爽快：「這樣我就相信你了。」

過了最重要的審查這一關，她馬上給了我建議，希望我寫一本給小資男女看的理財書。其實這不是什麼新鮮的建議，因爲太多出版社要我寫這個題材了。我每次都婉拒，因爲我在年輕時也沒有任何系統性的投資方法，如何能夠拿來教導年輕人呢？她的反應也超快，那就來寫不同年齡層該有的不同理財觀念和方法，而且不是在「教導」大家該怎麼做，而是在「分享」當年自己的經驗給大家參考。

雖然就這樣一拍即合，但我實在很擔心自己輕鬆詼諧的文字風格，不容易被天下雜誌嚴謹紮實的編輯取向所接受，而且天下雜誌幾乎沒有出版過本土作家所寫的理財書，因此對於能否簽約，仍存在不安的心情。我甚至還送給她一本《理財不必學，就能輕鬆賺》，希望她可以接受我的寫作風格和理財觀念，若眞的不合適，也不必勉強簽約。

後來發現這些都是多慮的，因爲大約在認識她的兩週後，就閃電簽約開工了。天下雜誌是我退伍後的第一份工作，當時曾先後在廣告部和企畫部歷練過，如今三十年後能回到這裡出書，眞是很難得的緣分。當年報到時，大概絕對想不到會有今天，不禁感嘆人生的際遇竟能如此地美妙。

在動筆之前，我就先表明，說我可能會寫一些非理財的內容，總編輯覺得這樣也很好，所以後來才有〈子女教養不能停損〉、〈用分享來豐富退休人生〉、〈沒有健康，退休變黑白〉和〈不要念研究所〉等篇章，也讓這本書有更多的人生面向，可以和大家分享。

以上應該是理財書的創舉，但這本《年年18%，一生理財這樣做就對了》的創舉還不只這些，更大的突破來自於封面的視覺感。第一、這回不是在攝影棚裡拍攝，而是在松山機場附近的公園裡，有豔麗的陽光和婆娑的樹影；第二、我挑了幾件休閒服去拍照，結果效果最好的是一件粉紅色的襯衫，後來就當了封面照，我想這也突破了理財專家一向給人嚴肅古板的印象；第三、爲了配合那件襯衫，封面也走粉紅色系，後來在書店陳列時，很輕易就從旁邊其他理財書中突顯出來了。

行銷上當然也有創舉，而且是我主動提出的，因爲我可能是第一個在國際書展中，用夜市叫賣的方式來推銷自己著作的作家。我拿著自己的書跟路過的參觀民眾說：「這個封面人物就是我本人，今天你買書，就送我的簽名喔，若要合照也沒問題，可惜我不是羅志祥，請別失望。」這番話眞的吸引很多人來圍觀或翻閱，然後我當場回答了很多大家在投資理財上的疑問，就這樣兩天親自賣掉了一百本書。這是寫書之外，另一件非常有成就感的事。

演講是雙向分享，可以直接反映聽眾的認同感

叫賣自己著作的靈感，來自於新書發表會和到處演講的經驗。這兩種活動結束之後，總要有銷售行爲來配合。不過，多數的情形是聽的人多，買的人少，但只要有發問的人，大概都會買。演講時，聽眾很少主動發問，但叫

賣時，大家都很願意跟我一對一的互動，所以成交的機率相對高很多。

不過，新書發表會和演講，並不是完全為了銷售，也是希望透過這種場合，能夠得到讀者的立即回饋。兩者的差別在於，前者是作者的義務，完全無私奉獻，而後者則是來自各方面的邀請，所以當然就有車馬費的收入了。

寫書是一種「單向」的分享，要等暢銷排行榜來印證自己被接受的程度，而演講則是一種「雙向」的分享，可以立即且直接地反映出聽眾的認同感。

我可以講三種不同的題材，依邀約的次數來排序，第一當然是「投資理財」，第二則是「郵輪旅遊」，最後才是「電影人生」。有趣的是，圖書館和公家單位大部分都不希望我講理財，因為他們說，以前請過很多理財專家來講，結果當場報的明牌害很多聽眾套牢賠錢，他們就會怪罪主辦單位，所以後來就儘量避免邀請這方面的主講者。就算我極力推薦的元大台灣50是相對安全穩定的投資標的，但他們真的是「一朝被蛇咬，十年怕草繩」。如此一來，為什麼還是有圖書館和公家單位邀我去講理財呢？這個理由更有趣，因爲有些承辦人就是我的粉絲，希望親自聽我講授，所以就主動和我連絡了。我想，這是出於善意的「假公濟私」，因爲大家聽完之後，都覺得收穫很多，絕對沒有讓承辦人漏氣。

財經「媒體」當然是邀我去講理財，但我每次都會跟台下的年輕人說：「你們眞的不該來聽，因爲你該利用這個時間，去充實工作上所需要的專業或語文能力，甚至和朋友喝咖啡唱KTV去建立人脈，都比來聽投資講座有價值。」因爲我一直堅信年輕人就該「好好工作，傻傻存錢，千萬別以爲靠股票就可以不用再工作」。這時，我一定會看到主辦單位的工作人員露出一副不可置信的表情。

財經「機構」就不一定找我講理財了，有一次我居然是被邀去講電影，做爲他們一整天專業教育訓練中的輕鬆時刻，這是最特別的一次經驗。

最難忘的一次經驗是什麼呢？結果還是跟電影有關。那是《一張全票，靠走道》在金石堂城中店辦的新書發表會。這是我第一次講電影，很怕來的聽眾只有小貓兩三隻，甚至發生工作人員比聽眾還多的情形，所以卯起來打電話邀請親朋好友來參加。

不料，當天早上居然因颱風而放假，我也擔心當晚有可能必須取消活動。好在最後順利舉辦，親朋好友更是情義相挺，參加人數應該接近一百左右，或許破了該場地的紀錄，結果新書發表會根本就是一場歡樂的親友暨同學會。

最感人的是，事前我把大學時代拍的實驗短片《門神》從當年的八釐米版本轉成DVD格式，要在會後播放，結果片中的所有演員都來到現場，一個前幾天剛好從加拿大回國，一個提早結束捷克之旅特地趕回來。當年拍得粗糙，但當場大家倒是看得趣味盎然，成了一個非常棒的收場。

二〇一六年五月，我在梁實秋故居講理財，滿足了我「文藝青年」和「理財專家」的雙重虛榮，則是迄今最難得的經驗。

媒體訪問的效果，優於新書發表會和演講

我喜歡演講，絕對遠超過接受財經媒體的訪問。不過，對於幫助書籍銷售的效果，當然後者要遠優於前者。

我之前也提過，我的第一本書能夠突然爆紅，當然和《今周刊》那篇把我寫成「中年失業男」的報導有關。其實，標題越震撼，主人翁的故事越戲劇化，就越吸引讀者，當然就越能刺激銷售量。這時，你要想究竟自己要的是「面子」？還是「裡子」？雜誌剛出來的時候，我還有些生氣，甚至打電話給採訪的謝富旭抱怨，但最後也學會一笑置之。反正，把它當作一場秀來看，就能釋懷了。

平面財經媒體的訪問給我比較大的困擾是，他們都過度解讀我的投資方法。明明很簡單，甚至很隨興，但記者一定要把它寫得很有系統，而且有明確的策略和計畫。或許他們從來不相信這世界上真的有這麼簡單的投資方法？因爲其他的專家都把它講得好複雜，這樣反而能讓人比較安心。訪問過

我的諸多記者和主持人中，只有一位美女名嘴公開在電視上說：「施大哥的方法，是我見過最簡單的一種。」這是對我最大的恭維。

現在只要編輯想做台股ETF（或元大台灣50）的專題，大概都會來訪問我，但我常常講著講著就會離題，因爲其實我最想講的是元大台灣50帶給我「樂活」的部分，而不是「獲利」的部分。每次我都要強調投資是爲了「提升生活品質」，而不是要「賺大錢住豪宅」，但大部分的記者都還是希望文章完全聚焦在投資獲利上，這或許是他們的職業習慣，後來我乾脆跟媒體說：「你們給我題目，我自己來寫，就不必麻煩你們來採訪了。」這樣反而更能清楚表達我的理念，當然也有稿費可以領，一舉兩得。

除了雜誌之外，電視財經節目當然也是一個很重要的媒體，但我很少被邀去參加。每個節目總希望有固定的名嘴群，而我卻只能講元大台灣50，因此當然就不適合成爲電視咖。有一次，某財經電視台敲了我的通告，但當天股市大跌，製作單位擔心投資人沒心情看，所以改做其他主題，就通知我不必去錄影了。結果，過幾天卻直接做了我的專題，由別的名嘴來介紹我的方法，讓我既高興又失落，高興的是這個方法能夠分享給更多人，失落的是沒辦法親自現身說法，因為這些名嘴的說法和我的方法多少還是有些落差。我也有三次記者來家裡採訪的經驗，這時候比較能暢所欲言，也比較能傳達出我「樂活理財」的精神。

千萬不可小看廣播的威力

另一個可以和大眾分享的重要媒體，就是廣播了。每次廣播節目都有將近半個小時到四十五分鐘的時間，所以可以更完整表達我的理念。當然，上廣播節目大概都是為了配合新書剛上市的行銷活動。

一開始，我其實是很懷疑廣播節目的效果，因為感覺好像已經沒有人在聽廣播了，就像應該已經沒有人在用紙筆寫信了。不過，這幾年的經驗告訴我，廣播仍舊擁有廣大的聽眾，因為你在接收它的訊息時，是可以同時作另一件事的（例如開車、工作）。有一次，我上一位非常知名的作家主持人的廣播節目，因爲是預錄的，所以我有機會在它播出時收聽，結果就在播出當下，我的臉書不斷湧進要加我做朋友的邀請，而且高達百人以上，你就知道廣播的效力有多大。另外，也常有在播出的下一個小時，我正促銷的新書立刻就可以出現在博客來網路書店每小時更新的百大暢銷書即時榜中（這個榜是不分類的），然後一直維持到半夜，甚至隔天都還在榜上。

每一次出新書，大概都會有五到十次上廣播節目的機會，有時是出版社行銷負責同仁安排的，有時是之前認識的主持人直接敲我通告。其中有一位外縣市的主持人從我第一本書就開始訪問我，至今六本無一遺漏，但都是電話訪問錄音，所以從未見過她的廬山眞面目。還有好幾位是從我第二本書開始就不間斷地訪問我，然後成爲私交甚篤的好朋友。最有趣的是，常有同一家電台好幾位主持人都要訪問我，還被電台管理階層關切，希望播出的時間不要太接近，以免有和出版社配合的廣告之嫌。

爲什麼大部分熟識的主持人都是從第二本開始呢？很可能是因爲剛出第一本書的時候，上廣播節目的表現還很生澀，所以當時的主持人後來都不找我了。猶記得人生的廣播初體驗，是去教育廣播電台錄音。爲了怕路上交通耽擱，不致匆匆忙忙，所以至少提早半小時就到，還在旁邊的植物園逛逛，以舒緩自己緊張的心情。節目企劃事前雖有提供訪問大綱，但我不放心，自己還準備了二十題的題庫，題目和答案總共就打了五張A4的紙。當場，主持人完全依訪問大綱問我，因爲是第一次進錄音間，怕答不完所有的題目，所以都回答的很簡略，結果很快就問完了，時間卻還有半個小時。好在我自己準備了很多題目，主持人就挑了幾題問我，而我就照本宣科，唸著早已準備好的答案。因爲文字表達總是不夠口語化，所以一定聽來非常生硬，效果肯定很差。「一回生，二回熟」，後來當然就越來越順暢，越來越輪轉。如今，每個主持人都誇我口條清晰，甚至還說我有做主持人的條件，但幸好他們應該都沒聽過我的第一次。

態度本身就是一種分享

看完我透過寫書、演講、受訪和廣播電視，來分享我的生活態度與人生經驗，或許你會說，自己根本沒有這些機會來發表，又如何能夠與大家分享呢？

我只能說，進入人生下半場，你還能對這個社會有貢獻的地方，就是「分享」兩個字了。不要妄想自己有很大的影響力，連我都不敢這樣想，有時候只要能啓發身邊一兩個親友，或許透過他們，又能影響一兩個你不認識的人，不斷延伸下去，也是你想像不到的力量，所以眞的不必妄自菲薄。

分享什麼呢？分享你最熟悉的經驗或知識。例如你從某項興趣，不管是攝影、園藝或是爬山中，得到非常大的快樂，你就可以分享給那些還沒有從事這項活動的朋友，或許他們受到你的鼓舞，也開始慢慢培養了這方面的興趣，讓他們的生活能夠更充實，這就是功德一件。或者，你在職場所累積的豐富經驗，也可以多跟年輕人交流，讓他們避免走你以前走過的冤枉路。近年有一部叫好又叫座的電影，由勞勃狄尼洛和安海瑟威主演的《高年級實習生》，就直接肯定了退休中年大叔，在職場上依舊有他們值得尊敬的經驗和價值。他沒有寫書、沒有演講、受訪、上節目，還是可以透過與同事的分享，發揮影響力。

如果真的完全沒有具體的東西可以分享呢？那就分享正面的人生態度。退休之後，如果每天都是自怨自艾，充滿悔恨遺憾，整天愁眉苦臉，家人親友就會逐漸與你疏遠，屆時成了孤單老人，那就絕不可能過一個有品質的退休生活。有一次講完理財之後，有一個聽眾站起來發言，他說我其實不只是在分享投資經驗，而是在釋放一種正面的能量，這才是他今天最大的收穫。我聽了非常開心，原來態度本身就是一種分享。

其實還有一個最簡單的分享方法，那就是如果你看了一本書、一篇文章，或是一部電影而深受感動或啓發的話，你就可以透過臉書、Line，或見面聚餐的時機，推薦你的親朋好友去看，不只有分享的效果，也有共同的話題可以討論。

怎麼分享呢？最起碼你不能一直待在家裡，一定要出去和人互動。我一度經歷的宅男人生，就是對這個社會毫無貢獻的時期，充其量只是透過股市交易，繳了很多證券交易稅給國家而已。如果你退休之後，只有玩股票這件事，上午看盤，下午研究，晚上看電視，那你眞的會覺得人生非常無聊。因此，這就是我爲什麼一直鼓吹大家用最簡單的方法、用最少的時間來從事股票投資，而且獲利也不會太差的原因了。股票投資絕對不可能保證會賺錢，但與人分享，肯定會帶給自己很大的自信心和成就感。

分享要有回報嗎？如果你想藉此取得一些收入，那就表示一來你爲退休準備的錢顯然不夠，二來你退休理財的方法不足以爲你帶來穩定的收益，因爲分享大概不會有任何物質的回報，但被他人肯定所帶來精神層面的滿足，則不是用錢能夠衡量的。我在演講的場合得到最大的收穫，不是車馬費，因爲那頂多就幾千元，而是聽衆恍然大悟的神情。我讓他們從理財專家的綁架中解放出來，讓他們神遊郵輪之旅，也讓他們重新喚起看電影的美好回憶。

別再認爲自己沒有能力分享，也別再吝於分享了。

不斷學習，才能刺激並開發自己的可能性

「分享」和「學習」是一體的兩面，前者是給別人，後者是給自己。俗話說得好：「活到老，學到老。」如果每天只是去從事喜歡做的事，總有無聊乏味的一天，所以要透過不斷學習新事物，才能刺激並開發自己的可能性。

最簡單的方法就是到處去聽演講。現在資訊發達，你眞有心，每天至少都有一場可以聽。你當然會先選有興趣的講題去聽，但其實不管有沒有興趣，你都該勇於嘗試，大不了在裡面吹冷氣睡覺，也很享受啊！只是講者會有點傷心而已。聽演講比看書有效率，因爲一場演講可能就是在分享一本書的精華，透過講者的說明，更能有效掌握書中的重點，甚至還可以透過QA時間，直接解除你心中的疑惑。不過，我現在去聽演講，多少帶有觀摩的成分，所以得到的收穫肯定比一般人都多。我一直覺得自己的演講太有系統、太理性，所以我現在去聽的演講，大部分都是去學習如何鋪陳感性的表達。

聽演講的唯一缺點，就是受限於它的時間和場地，因爲你必須配合它，但是看書就完全由自己掌控了。你想什麼時候看？在哪裡看？都悉聽尊便。我出書之後，才發現台灣人眞的太不愛看書，又太捨不得買書了。買一本書兩三百元嫌貴，吃一客有附餐的義大利麵大概差不多錢，卻覺得便宜。一本書只要有一句話對你有啓發，就值得了。如果還能改變你一生，那麼區區幾百元，其實是太划算了。看什麼書呢？知名作家楊照說得好，你應該去看你看不懂的書，這樣才有可能學習到新東西。眞的看不懂，怎麼辦？沒關係，至少是一次所費不多的探索。

很多人會去學才藝，也很好。我有很多退休的朋友，經常在臉書上展示他們學才藝的成果，舉凡國畫、書法、攝影、跳舞、吹薩克斯風等，都讓我羨慕不已。我老婆退休後，勤於參加社區舞蹈班，還常到處表演，不只生活多采多姿，還交到很多志同道合的閨密。問我爲什麼沒去學才藝？一來魯鈍，二來太懶，希望各位讀者別跟我一樣。

旅行，當然也是很好的學習機會。俗話說：「行萬里路，勝讀萬卷書。」就是這個道理。即便書上講得再精采，都不如親眼見到來得印象深刻。以我那趟吳哥窟之旅爲例，行前我買了蔣勳的《吳哥之美》來預習，但根本難以體會其宗教藝術之美，後來決定帶書去當地，早上看古蹟，晚上拿書來對照，才能眞正了解其意涵。很多人旅行的時候，都是「上車睡覺，下車尿尿，回旅館賭博（用台語發音較傳神）」，這實在是浪費了學習當地風土人情、歷史文化的大好機會。我每次在遊覽車上，都很認眞聽導遊的解說，才能又賞美景、又長知識。此外，我有一個好朋友，旅行前都會上網查很多資料，後來還把我那趟地中海郵輪之旅的沿岸城市的相關資訊裝訂成冊送給我。好在我手中有這份寶典，才讓歐洲當地導遊不敢敷衍打混。書面資料和親眼所見，才能成就一趟完整的旅行學習。

學生時代和工作期間所做的學習，都有特定目的，不是爲了通過考試，就是爲了加強專業技能，但退休後的學習，因爲沒有任何目的，就不會有任何壓力。退休人生其實最怕生活枯燥，唯有透過不斷地學習，你才有源源不絕的動力，也才會開心期待嶄新的每一天。

現代人最常在哪裡分享呢？當然是臉書啦！上餐廳吃美食，要上臉書PO照；朋友聚會，要上臉書PO照；出外旅行拍的照片，也是一拖拉庫往上傳。太多人的生活已經完全離不開臉書了。

臉書不只有分享的功能，我認為它最大的貢獻有二。其一是讓你的親友知道你活得很好，因為有的時候，常常PO文的人不PO了，或是常常按你讚的親友突然好幾天沒按讚了，你要趕快去關心他，或許他就是這幾天往生了。其二可以幫助你找到失聯多時的老同學老朋友，即使分隔天涯海角，透過臉書，都成了咫尺天涯。

退休之後，如果沒有朋友，生活肯定是黑白的。老朋友讓你回想當年的革命情感和豪情壯志，但千萬別以為有老朋友就夠了，常常敘舊或許就變成老生常談了。這時一定要努力拓展生活圈，去結交更多的新朋友，生活才有新的的刺激和新的火花。

7 朋友

老同學老朋友每一次見面，可能都是最後一次

三十年，是一個神奇的數字。在這一年，畢業多年的同學都會想舉辦一次盛大的同學會。畢業三十年，大家都是五十歲左右的人了，事業有一定的基礎，子女教養也即將告一段落，就會想起那些多年不見的同學，別來是否無恙？現代年輕人因通訊及網路發達，或許很難體會我們這一世代的念舊之情。

在三十周年之前，參加同學會的人總是零零落落，一方面家庭事業都忙，二方面大家在職場上的成就高低不同，都讓很多人不能，也不想來參

加。但是，到了三十週年，大家發現自己的事業和財富都不可能再更上一層樓，彼此較勁之心淡了，也釋懷了，這就很自然地促成了大型同學會的舉行。

二〇〇九年，是我高中畢業的第三十年。我打了個電話給高三當年的班長，想找班上的男生聚聚。當年我們念的高中是男女合班，在全國是非常少見的。我們班因爲是文組班（也就是現在的一類組），所以男生不多，只有十五個，如今能找到的，可能不到一半。只找男生，規模太小，好像又有點排擠女生，所以班長決定擴大舉辦。但是，連女生都有很多人失聯啊！當時臉書不像現在這麼普及，所以有個同學還在痞客邦成立了一個社團，作爲大家連絡的平台。（現在大家都上了臉書，那個社團早就荒煙蔓草了。）

後來，我們靠這個平台找到非常多失聯的同學，也決定在當年的十二月三十日，在我老婆的餐廳舉辦三十年同學會，一來方便國外的同學利用耶誕新年假期回台灣，二來避開隔天跨年的人潮。當天，從國內各地、世界各地總共來了二十幾個同學，幾乎是班上一半的同學了，踴躍的程度有些超乎預料。因爲是自己的餐廳，又在郊區，所以愛怎麼鬧就怎麼鬧，愛鬧多晚就鬧多晚。

太多人都是三十年不見，見面相擁，都有點熱淚盈眶。因爲太久沒見，有人還誤把站在餐廳外迎接大家的我老婆當成同學了。老同學相見，談的都是當年往事，現在從事什麼工作？另一半又在做什麼？子女有幾人？幾年級？反而都沒人有興趣要問。我們很多人都是從小學一路直升到高中，所以同學情誼長達十二年，能聊的共同回憶實在多到三天三夜都聊不完。最勁爆的就是當年誰喜歡誰？大家都掏心掏肺說了，反正早就結婚成家，不用再有所忌諱了。這根本就可以看成是《那些年，我們一起追的女孩》和《我的少女時代》的三十年後版。

拜現代醫療科技發達，大家即便都將邁入五十大關，模樣卻如當年一般，好像時間在這三十年早就凍結了。外貌雖然不變，但人生卻很無常。同學會後的幾年，就有兩位女同學因罹癌而去世。人生下半場，或是退休之後，千萬不要和老同學、老朋友相約在太久以後的時間見面，或是儘量不要因故缺席，因爲任何一次見面，可能都是最後一次。現在臉書如此普及，你若還沒有帳號，請趕快申請，你若已有帳號，請經常PO文，這樣就算沒見面，也能讓親朋好友知道你的近況。知道大家安好，是退休生活很重要的一種幸福。

持續參加同學會，絕不能封閉自己

二〇一三年，則是我大學畢業的第三十年。台大有一個傳統，就是在畢業三十年，會舉辦一個全校性的畢業同學會。因爲人數眾多，光一個系來一桌人，就可以塞爆整個體育館。

我當年念的是商學系工商管理組，也就是現在管理學院工商管理系企業管理組的前身。我們班不過四十幾個人畢業，卻坐了三桌，因爲我們感情實在太好，所以參加非常踴躍。畢業後同學的凝聚力，絕對要靠一個非常熱心的同學來促成，幸好我們就有這麼一號人物王之亮，而我應該算是他的助手吧！

我們不只坐了三桌，旁邊還站了一群拿著麥克風的記者，因為其中有一桌坐了一個大人物朱立倫。記者們盡忠職守一定要問他究竟要不要選總統，但苦了和他同桌的同學，根本沒辦法好好吃飯。

我們這一屆的大人物不只朱立倫一個人，還有和校長坐在主桌的政治系江宜樺，以及復健系賴清德。你以為這樣就夠嚇人了嗎？還沒完呢！醫學系那一桌坐的是柯文哲，而表演舞台上的男主持人則是瞎澔平。我也要特別提一下女主持人，她是我們班當年的校花侯淑芬，據說很多電機系的同學都是衝著她才願意回國的。

不管你的大學同學裡有沒有知名的大人物，但他們肯定都是你生命中最重要的朋友。高中以前，不管有沒有興趣，大家都要念相同的科目，或許在社團裡才能找到志同道合的朋友，但是上了大學之後，大家都有相同的興趣和專長，才能成為同學，進入職場後，也有可能都在相同的領域，這樣就能彼此幫忙、互相提攜，也就更有可能成為終身的死黨。

我們那一班只有兩人後來成了教授，在國內的同學畢業後，不是在金融界，就是在行銷界，因此工作上碰到的機會很多，有些成了我的客戶，有些又有合作的機會，這樣才能讓我在職場上順利發展。

就算失業初期那段魯蛇時光，我還是非常樂於參加同學會，他們見到我，一樣有說有笑，讓我感受到溫暖的關懷。朱立倫在爲我第一本書《只買一支股，勝過18%》的序裡提到：「他是我見過少數能夠豁達看待『無業』狀態的中年人。我不能說他『失業』，也不能說他『待業』，有人說他賺夠了，他自己說他不想賺太多，夠用就好了。他每次都開開心心地出席我們班的同學會，即便面對很多事業有成、生活富裕的同學，他也不會妄自菲薄。」他其實是過譽了，我哪有「豁達」？我只是喜歡和同學相處時的那種自在而已。

若你跟我有相同的處境，雖然很容易就形成自我封閉的傾向，但請記得，一定要持續參加同學會。職場上認識的朋友，不論是同事、同業或客戶，或許因爲不再有利用價值，逐漸疏遠恐難避免，但同學之間應該不會那麼現實，也應該沒有太多利益算計，所以友誼才能長長久久。

那場三十周年大型同學會之後，大家意猶未盡，所以又辦了一次兩天一夜的聚會，好像回到三十年前畢業旅行的美好時光，當然這次要豪華舒適得多了。有人只來吃一餐，有人全程參與，彼此都不勉強。這兩次的大學同學會，肯定是我人生中最難忘的回憶。

旅行是結交新朋友的最佳機會

越多同學退休，同學會的舉辦頻率就會越高，但是敘舊話題翻來覆去，總有令人乏味的一天。有人說：「退休有四寶，老伴、老友、老本、老身。」這句話只對了四分之三，老伴不能換，老本要守住，老身要顧好，唯有朋友不該只有「老友」，還應該多多結交「新朋友」。

我逐漸從宅男人生走出來，關鍵就在於交到新朋友。我的臉書朋友不過三百多人，因爲我不會爲了要銷售新書，而浮濫加朋友，所以他們都是和我眞的有交情的人，但粗略計算一下，其中四分之三都是這六、七年內新認識的朋友。

第一批新朋友就是二〇一〇年在北海道旅遊時認識的團員，總共有十個人。大部分的人都認爲跟團旅行最沒意思，尤其是年輕人更是以自助旅行，甚至做背包客引以爲傲，但我卻喜歡跟團，以前是圖方便，現在是期待結交新朋友。

我們幾乎就要結爲拜把兄弟，因爲論年紀，我和許呈昌同年，但他早我十幾天出生，所以他就成了大哥，太太就成了大嫂，而我就是二哥，老婆當然就是二嫂了。其他年輕人吃我們豆腐，他們就不繼續排順位了，讓我們大叔、大嬸直呼他們名字即可。裡面有三個電子新貴，但公司股價都不超過三十幾元，所以也不是那種身價上億、開跑車、住豪宅之流。朋友相交要能長久，共同的興趣當然是前提，但最重要的是經濟能力不能落差太大。

許呈昌是名符其實的大哥，他在回國三個月後，主動邀大家去桃園一處風光明媚的風景區遊玩，然後訂下每三個月輪流主辦郊遊的規定。同時，他怕大家輸人不輸陣，越辦越盛大越豪華，所以嚴格要求不得過於昂貴，也不可以由爐主全部買單，一定要由大家平分花費。一開始都是一日遊，後來覺得才剛碰面就要分手，太可惜了，所以後來都是二日遊，不是住民宿，就是去露營。不過，經過幾年下來，覺得三個月太久了，後來有人想辦就主動辦了，我也搞不清楚下次輪到我主辦，該是什麼時候。

最有趣的是，其中有三家的小朋友，兩男一女，在我們認識的時候才只有一兩歲，現在都上小學了，而且他們兩小無猜，說不定長大後還可能結為伴侶，讓朋友成了親家，也讓我們的友誼更傳奇。

北海道團之後，又成立了尼泊爾團，而且規模更盛大，因為幾乎所有的團員回到台灣都有再連絡。不只如此，其中幾個大嬸團員還一起去了趟金門，從此成了次團體「金門幫」，後來又加了一位大叔團員，再去北京自由行。尼泊爾團的向心力都要靠美少女Lulu來促成，可惜她不夠德高望重如許呈昌，只好每次都由她主辦聚會，因為辦得太好，所以大家都樂得輕鬆。有時，北海道團和尼泊爾團的活動還會撞期，常為了我們夫婦而必須協調。這團有兩位大嬸更厲害，一個人常常到國外去打工換宿，一個後來重回尼泊爾去爬喜馬拉雅山。

後面還有嗎？雖然也有，但規模都很小，偏重少數幾個人，也沒有定期聚會。寫書的當下，我剛從紐西蘭回來，因爲同行團員大部分本來就認識，所以也不必另外成立了。此外，在地中海郵輪之旅認識的劉耀新大哥，日前因心肌梗塞突然離世，在此謹獻上我對他最深的悼念之意。

共同的興趣是結交新朋友的基礎

除了旅行之外，還有什麼管道可以結交新朋友呢？關鍵密碼就是「興趣」二字。只要你有持續的興趣，或開創新的興趣，你就有機會擴充自己的生活圈。

除了同學和同事之外，成爲朋友的重要基礎就是要有共同的興趣。我有好幾個朋友常常在臉書上貼他們到處騎單車的照片，甚至其中一人還遠赴德國進行單車之旅，就知道這群人的共同興趣一定是御風而行。如果經常貼的都是聚餐的照片，那肯定是認識多年的同學、同事了。退休之後，如果只有吃吃喝喝的活動，只有在餐廳的合照，我想這肯定不會是一個有品質的豐富人生。

社區大學有開各式各樣的課程，是一個培養興趣最簡單而有效的方法。唯一不建議參加的就是投資理財班，因爲這種興趣很難交流，有人賺錢、有人賠錢，怎麼可能成爲好朋友？其他課程，我認爲都值得去上，不管你有沒有天分，或是有沒有能讓你滿意的學習成果，至少可以交到志同道合的朋友。如果學完之後，還是沒興趣又沒成就感，千萬不要覺得划不來，因爲反正花費也不大，趕快另外找別的班來上，最後總會找到可以讓你發揮的興趣所在。一旦興趣確立，好朋友自然而然會來報到，然後一起切磋、一起分享。

我至今還沒有參加過任何社區大學的課程，也就沒有開創什麼新的興趣，但原有的興趣仍一直持續在進行。認識我的人，都知道我最大的興趣是「看電影」。這件事其實是很個人的活動，若能因此交到朋友，多半是來自參加相關的社團。

結識近幾年最重要的影友羅綸有，是透過一個高中同學的介紹，去參加在他家舉行的電影聚會。這群聚會者是以荒野協會的環保志工爲核心成員，加上熱愛電影聞風而來，於不同時期陸續加入的朋友。我雖然有環保意識，卻從未想過實際去推動環保教育，所以對他們的熱情和無私奉獻，打心底欽佩。後來，也因爲他的關係，才能和其他荒野協會的成員去參加先前曾提過的紐西蘭健行之旅。

自詡爲電影文青的人，或許沒聽過羅綸有這個名字，但他卻是一個願意資助電影從業人員的超級影痴。我和大部分人一樣，只是買電影票來支持國片，但他卻投資、贊助，甚至參與製作，發行了以李屏賓爲主角的《乘著光影旅行》、姜秀瓊的日本電影《寧靜咖啡館之歌》、楊力州的《我們的那時此刻》、李立劭的《滇緬游擊隊三部曲》，以及韓忠翰及辣四喜關於更生人的《牆》，他也以不同方式參與了紀錄片《看見台灣》以及《唱歌吧》的拍攝。很多人可能還沒聽過或看過這些電影，卻自以爲跑跑影展就是文青，看看漫威英雄片就是影迷呢！

他和我一樣都在金融界工作，不過他目前仍在外商銀行服務，而我早就離開本土證券商了。照說我的時間當然比他多，但他依然能在百忙中爲他熱愛的電影出錢、出力。出錢，已經提過了，出力，則是他號召了許多影評人，一起創立了一個「電影筆記」的網站。我是他邀請的達人團成員之一，而他只屈就副團長，把團長寶座給了鼎鼎大名的影評人藍祖蔚。

後來才知道，他還是小我一屆台大經濟系畢業的校友，所以又有了一些共同交集的朋友。這一回，我在紐西蘭健行不愼扭到腳，常常把肩膀讓我扶的人，也是他。當然，能認識身兼牙醫師、環保志工、教養專家、暢銷作家、專欄作家、演說家多重身分，也是荒野協會創始人的李偉文，同樣是透過他的關係。

那是另一次在他家的聚會，李偉文也有來參加，我終於得以認識這位傳奇人士。因爲很多人最近常找他談退休的主題，所以他說他也看過我寫的那本《三大叔樂活退休術》，眞是榮幸之至。聚會結束後的一兩個禮拜，我特地去他的牙醫診所，送他《一張全票，靠走道》，看到候診間所有的牆壁都是擺滿書的書櫃，讓我非常震驚。不只如此，他也回送我兩本書，而且親筆寫下好幾句勉勵祝福的話，又再讓我震驚一次。因爲他的字跡居然如此工整，而且爲我題了這麼多字，都讓我覺得自己眞是忝爲作家了。我早就習慣用WORD寫書，所以提筆已經離鬼畫符不遠了，而且我給讀者題字，從來不超過十個字。

爲了寫這本書關於「教養」的部分，我還去聽他的演講。聽完後，我覺得他的孩子眞幸福，他很早就規畫了整套教養的計畫，然後按部就班來做。如果我早二十年認識他，教養之路應該不會這麼崎嶇。

一個人都只有二十四小時，爲什麼他可以做這麼多事，而且還有時間看這麼多書？或許跟他不用手機、不上網、家裡不裝第四台有關吧？這件事或許可以給讀者很大的省思。

李偉文不能算是我這段人生中最麻吉的作家朋友。能被我冊封此一名號的人，非外號「老黑」的田臨斌莫屬，他其實也是我編號一號的網友。

上網，已是現代人無可避免的事，甚至很多人出國旅遊，到了飯店的第一件事，就是問能否上網？要收費還是免費？所以要交網友，也是再自然不過的事。媒體上常有網友相見的社會新聞，我還三令五申，絕對不准子女交網友，結果我自己卻交了一個，後來還不只一個。

我們在虛擬世界頭一遭的認識，是我們被各自的朋友邀請參加了一個臉書社團，團員都是熱愛藝文之士。我之所以被邀請，是因爲我的朋友知道我對電影有獨到的品味和豐富的知識。後來，發現裡面也有一個超級影迷，寫的有關電影的文章也很有看法和趣味，這位仁兄就是老黑。一天心血來潮，送出交友邀請，他也大方接受了。

當時，我剛出版第一本書《只買一支股，勝過18%》，沒想到有次Google他的名字，才知道他已經出了兩本書，眞是「有眼不識泰山」。後來，我們幾乎同步在出書，甚至一起寫了《三大叔樂活退休術》，但從我的第五本書《絕對不無聊，長程郵輪這樣搭就對了》之後，我的進度就略微超前了。不過，他非常認眞經營部落格和臉書，他的粉絲大概是我的十幾倍，這是我絕對難以超越之處。

他算是我第一個認識的作家，之後因爲出書的關係，就有比較多的機會認識其他作家。我曾兩次受有鹿文化總編輯許悔之之邀，參加他們的春酒，席間能與李昂、小野等大作家寒暄，都是莫大的榮幸，不過，後來最熟的則是身兼導演和作家雙重身分的林正盛。第一次見面，我就斗膽邀他爲我的《一張全票，靠走道》寫序，他當場就一口答應了。後來，有個小型影展在寶藏巖露天舉辦，播放他一部鮮爲人知的《魯賓遜漂流記》，我還特地去看，結果整晚都被小黑蚊攻擊，也是一次難得的經驗。內心有個小小心願，希望有朝一日能在他的新片中軋上一角，即使只是路人甲，也能一圓演電影的美夢。

主動熱誠是結交新朋友的不二法門

有人可能會問，自己也有參加各種課程，也有培養新的興趣，爲什麼還是交不到新朋友？我想，「參加」只是打開了「門」，「投入」才能打開「心門」。如果你沒有跟別人互動，或是下課後就匆匆離去，沒有和他人參與其他課餘的活動，就等於只是自我學習而已。我們甚至該用「學習只是手段，交友才是目的」的心態，去參加這些課程。

此外，最好不要呼朋引伴去上課，因為你其實還是在自己老朋友的舒適圈內，很可能就喪失了結交新朋友的機會。

但是，一定要參加課程才能結交新朋友嗎？那倒未必。以我為例，我就沒有去上課，但我照樣透過各種場合，讓自己的社交圈不斷往外擴展。

首先，絕對不要排斥去參加陌生的聚會。像我之前提到的羅綸有和林正盛，就是在不同的陌生場合認識的。當場，除了介紹我去的朋友之外，我幾乎都不認識其他人，若因此躊躇不去，後來就不會和羅、林二人成為好朋友了。

其次，只要你主動攀談，露出熱誠的笑容，就能順利踏出交友的第一步。若有人主動找你，那更好，讓你可以很快融入原本陌生的氛圍中。

主動來找你的人，其實更容易成為好朋友，我和吳典宜的緣分就是最好的實例。我曾去參加他的《老青春背包客的日本 Long Stay 日誌》新書發表會，當時還互不認識，沒想到後來他主動來參加我的講座，才知道上一次他太太看到我去，非常興奮，原來他太太是我理財書的粉絲，後來就因此而結緣，而且還被他們請吃了一頓豐盛的日本料理。我們是少數出過旅遊書的中年大叔，但他的銷售量遠大於我，也期待他的新書能儘早上市。

另一個常在旅遊講座碰面的水瓶子，也是類似的緣分。他不只寫了很多有關書店和咖啡店見聞的書，平常還是古蹟導覽達人，特別是青田七六馬廷英故居，更是如數家珍。原來他正是台大地質系的畢業生，也算是馬廷英的嫡傳弟子。有次參加他的導覽，還跟他一起走了紫藤廬、殷海光和梁實秋故居，聽他娓娓道來，思古幽情油然而生。水瓶子還有一絕，就是煮的一手好咖啡。每次在同一家旅行社辦的旅遊講座碰面時，他總會在旁邊煮咖啡給來賓喝，害我不知究竟是為了講座而來？還是為了咖啡而來？

以前只能把作家當偶像，但現在卻有機會和他們做朋友，說我不因此而有些虛榮，就太矯情了。不過，現在買書的人已經越來越少，大家應該不避嫌地互相聲援，讓更多人有機會看到作家的心血結晶，也算是對社會的一種貢獻。

除了彼此拉抬聲勢，新書行銷當然不可少。新書剛上市時最主要的行銷活動，就是上廣播節目接受訪問，藉此讓我認識了很多主持人，甚至後來還成了很好的朋友。能否成爲好友，很重要的觀察指標就是：「下了節目，還會聯絡嗎？」就算沒有相約見面，至少也要是臉友，彼此會在社群網站上鼓勵關心。總而言之，關鍵還是在「主動」和「熱誠」。

我們的求學時代，電視只有台視中視和華視，沒有手機、沒有網路、沒有線上遊戲，這時唯有聽廣播，才能伴我們度過那段苦悶又漫長的時光。我相信，很多人都是一邊苦讀教科書，一邊聽李季準、倪蓓蓓的廣播，這樣才能擠進大學窄門，才能通過托福考試去美國留學，甚至不聽他們的節目，還無法靜下心念書呢！當年，我對麥克風後面的這些人充滿了好奇，如今卻常常和他們（當然已經不是李、倪二人了）在錄音間碰面，眞的是從未想過的事。

羅際夫，人稱「姊夫」，除了每天在正聲廣播電台主持財經節目外，更是知名的基金達人。第一次當然是談理財，但第二次居然邀我去講《一張全票，靠走道》，原來他也是一名超級影迷。後來，我有機會參加一些電影新片的試映會，也常常碰到他，所以就越來越熟了。我的投資經驗主要是股票，但在寫《年年18％，一生理財這樣做就對了》時，也有談到保險和房地產，所以就拜託羅際夫幫我牽線，認識了保險天后李雪雯和房產天后徐佳馨，並請她們為我寫序，後來和李、徐二人也成了好朋友。羅際夫的節目都由另一位女主持人宛志蘋負責音控，她聽我講得有趣，後來也常邀我上她的節目。不只宛志蘋，還有同一電台的龔修蓓，因此能交到這麼多主持人好朋友，當然都得歸功羅際夫。

趙婷，當年紅透半邊天的童星，如今也是中廣人氣很旺的主持人之一。我以為只能跟她聊電影，沒想到她也曾經在證券業工作過，所以她最感興趣的題目還是投資理財。我近幾年只進出元大台灣50，但她投資的範圍卻比我大得多，所以她才應該是理財專家。她聽我每次都講元大台灣50，有一次就吐槽我，問我知不知道買元大台灣50有什麼缺點？她來踢館，我居然答不出來。我說：「願聞其詳。」她說：「不會有股東會紀念品。」我當場笑到完全錄不下去，只好喊卡。後來我還上了很多中廣的節目，包括夏韻芬、吳若權和李秀媛，至少也都和他們成了臉友。

常玉慧，教育廣播電台美女主持人。第一次上她的節目，我們就很投緣，因為她和我的大學同學，也是當年台大校花的侯淑芬曾在北一女一起參加排球校隊，然後就開始聊我們共同認識的很多朋友，聊到差點誤了節目的開播時間。她也很愛看電影，而她其他的節目有一個單元是在推薦電影，我偶爾也會插花去錄那個單元。理財其實比較好講，但電影要講得感性不容易，所以我總覺得自己表現不好。後來，她還把我介紹給她的先生和兒子。我在天母辦新書發表會時，她住得近，一家三口甚至一起來參加。她是醫師娘，應該可以過著貴婦般悠哉的生活，但每天還是願意透早就到廣播電台主持以親子教養為主的節目，背後的動力顯然就是一種對社會的使命感。

韓良憶、趙靖宇兩位主持人是本來就認識的朋友。韓是美食、旅遊兼電影達人，趙有個響噹噹的名號「基金一姐」，結果現在見面卻都是在電影試片的場合。所以，我自己都好奇，如果沒有「電影」的連結，就很難成爲我的至交嗎？

夫婦該各自擁有不同的社交圈

日本退休族現在流行「卒婚」，「卒」的意思就是「畢業」，意謂夫妻倆雖然仍住在一起，感情也沒問題，但卻各過各的生活，各自都有不同的社交圈。我和老婆目前的生活其實就是這種模式，彼此都不必勉強陪伴對方，但也非常珍惜可以共同參與的活動。

我老婆近幾年同時參加了兩個里辦公室成立的舞蹈班，認識了非常多跳舞的同好，不只勤於上課練舞，也常常應邀在社區舉辦的各種慶祝活動中表演。我偶爾會去看她們表演，當然大嬸跳的絕對沒有辣妹好，但看她們認眞表演，樂在其中，也替我老婆覺得高興。她們不只跳舞，也常相邀去喝咖啡、包粽子、逛街，甚至一起去國內外旅遊。她退休後的活動比我還多，而且種類比我還豐富。

老夫老妻要維持年輕時戀愛的純度，是強人所難的，「有點黏，又不會太黏」才是應有的相處之道，關鍵就在於兩人不僅要有共同的朋友圈，也要有各自的社交團體。比如說，旅行認識的朋友屬於前者，但作家、廣播主持人，或是舞蹈班同學，就屬於後者了。

另一半的同學會，該不該一起出席呢？我有一個很簡單的原則是「大型，不去；小型，就去。」大型同學會，動輒二、三十個人，很多人或許很久不見，敘舊都來不及了，很難還有空去招呼自己的另一半。事前問一下主辦人「是否可以攜伴」是避免尷尬的最好方法。如果只是幾個最要好的同學小聚，則不妨一起前往，彼此的另一半就比較有機會互動，進而也有可能成爲好友。

不只同學聚餐如此，家族大聚會也可適用同一標準。我雖是家中獨子，但同輩的表（堂）親卻有十幾個。某年，我主動邀請所有表（堂）兄弟姊妹聚餐。因爲長輩陸續過世後，大家難免漸行漸遠，有些人甚至彼此已經超過十年未曾謀面，因此我還特別拜託大家不要帶另一半及下一代來聚餐，才能讓大家盡情盡興。

夫妻如果沒有各自的生活圈和不同的寄託，硬要兩人同進同出，或是成天在家大眼瞪小眼，保證越老會越相敬如「兵」。日本流行卒婚之前，更常發生的是丈夫一旦退休，太太立刻申請離婚的事情。

甚至我還建議，夫妻之間要有各自的隱私。爲了保有隱私，我和老婆就不是臉書的朋友。不只老婆不是臉友，我和三個子女也不是。雖然如此，但我卻很喜歡在臉書上分享和老婆的合照，還被朋友一直嘲笑在「晒恩愛」。因爲自己的朋友常常看到她的照片，所以無形中似乎也跟她很熟，眞正有機會見面時，就很自然地會成爲朋友。

夫妻關係和樂的人，對外形象就是正面又幸福。讓人感覺幸福的人，也相對比較容易交到朋友。不過，無論是多麼哥兒們的朋友，他們都不可能陪你走完人生這一條長路，唯有你的另一半，才是可以牽手到老的人。婚姻生活當然不會一路平順，總有風雨，也總有起落，但既然都走到了人生下半場，就更該好好珍惜。我常跟老婆說：「我們下輩子不會再見。」不要留任何遺憾，以爲還有下輩子可以彌補。

大女兒近日要結婚，所以我必須開始草擬邀請賓客的名單，赫然發現新舊朋友的比例居然快接近各半了。這個驚人的新朋友人數，絕對是當年我宅在家裡，最抑鬱不得志時，所難以想像的。如果我當時就此封閉自己，可能連老朋友都會逐漸離你而遠去。

退休之後，朋友成了最重要的資產。請切記，老朋友要珍惜，新朋友要開創，如此才不會成為孤單老人。一旦成為孤單老人，可能連另一半都會討厭你。

結婚是女兒的終身大事，老爸真的不該搶了她的鋒頭，但看來我必須邀請的親友桌數，恐怕會超過她。如果你也有同樣的困擾，我相信你的退休生活，將在眾多朋友的擁抱下，充滿活力地迎向每一天。

8 還沒散場

二〇一六年七月，我準備爲這本書寫下最後一篇。時間過得好快，轉眼已經屆滿整整十三個年頭，從初期離開職場的失意，到二〇〇八年開始只買一支股的篤定，再到近幾年的樂活分享，可謂酸甜苦辣，點滴在心頭。

如果你是正常退休，應該會以萬般期待的心情迎接人生下半場。如果你像我一樣，在中年被迫離職，可能就會和我走過相同的歷程，也希望你終究能走出一條豁然開朗的大道。如果你仍在職場，請你一定要做最壞的心理準備，然後做最好的打算，早早開始進行財務的規畫，免得措手不及，直墜人生的深淵。

人究竟能活多久呢？沒人知道，但我是以活到一百歲來做準備的。很多人都說，自己不要活得這麼久，但這其實由不得你，因爲現在醫療保健如此發達，我們應該會活得比上一代人還要久。像我可能還有四十年的生命，如何持續讓生活充實豐富，又不用憂心煩惱，這可能是每一個人都要面臨的重要課題。

盛竹如極富磁性，又很有戲劇張力的聲音，此時正是迴盪的好時機：「讓我們繼續看下去。」因爲戲還沒散場。

VIEW系列 038

走過失業，我喜歡現在的人生

作　者—施昇輝
責任編輯—麥可欣
責任企劃—葉蘭芳
封面設計—徐睿坤
美術設計—黃庭祥

董事長—趙政岷
出版者—時報文化出版企業股份有限公司
108019臺北市和平西路三段二四〇號三樓
發行專線—（〇二）二三〇六—六八四二
讀者服務專線—〇八〇〇—二三一—七〇五
（〇二）二三〇四—七一〇三
讀者服務傳真—（〇二）二三〇四—六八五八
郵撥—一九三四四七二四時報文化出版公司
信箱—10899臺北華江橋郵局第九十九信箱
時報悅讀網—http://www.readingtimes.com.tw
電子郵件信箱—newstudy@readingtimes.com.tw
時報出版愛讀者粉絲團—http://www.facebook.com/readingtimes.2
法律顧問—理律法律事務所　陳長文律師、李念祖律師
印　刷—勁達印刷有限公司
初版一刷—二〇一六年十月七日
初版四刷—二〇二二年九月二十日
定　價—新臺幣二八〇元

時報文化出版公司成立於一九七五年，
並於一九九九年股票上櫃公開發行，於二〇〇八年脫離中時集團非屬旺中，
以「尊重智慧與創意的文化事業」為信念。

走過失業，我喜歡現在的人生 / 施昇輝作. -- 初版. -- 臺北市：
時報文化, 2016.10
面；　公分. -- (VIEW系列；38)
ISBN 978-957-13-6780-4(平裝)

1.退休 2.生涯規劃 3.生活指導

544.83　　105016604

ISBN 978-957-13-6780-4
Printed in Taiwan

VIEW

VIEW